Abderranim SABOUR

R.A NMJ: REGENERATEUR DE SUITES BINAIRES CRYPTOGRAPHIQUEMENT SÛRES

Abderrahim SABOUR

R.A NMJ: REGENERATEUR DE SUITES BINAIRES CRYPTOGRAPHIQUEMENT SÛRES

CONCEPTION ET VALIDATION D'UN REGENERATEUR DE SUITES BINAIRES CRYPTOGRAPHIQUEMENT SÛRES BASE SUR LES ALGORITHMES EVOLUTIONNISTES

Éditions universitaires européennes

Mentions légales/ Imprint (applicable pour l'Allemagne seulement/ only for Germany)

Information bibliographique publiée par la Deutsche Nationalbibliothek: La Deutsche Nationalbibliothek inscrit cette publication à la Deutsche Nationalbibliografie; des données bibliographiques détaillées sont disponibles sur internet à l'adresse http://dnb.d-nb.de.
Toutes marques et noms de produits mentionnés dans ce livre demeurent sous la protection des marques, des marques déposées et des brevets, et sont des marques ou des marques déposées de leurs détenteurs respectifs. L'utilisation des marques, noms de produits, noms communs, noms commerciaux, descriptions de produits, etc, même sans qu'ils soient mentionnés de façon particulière dans ce livre ne signifie en aucune façon que ces noms peuvent être utilisés sans restriction à l'égard de la législation pour la protection des marques et des marques déposées et pourraient donc être utilisés par quiconque.

Photo de la couverture: www.ingimage.com

Editeur: Éditions universitaires européennes est une marque déposée de Südwestdeutscher Verlag für Hochschulschriften GmbH & Co. KG
Dudweiler Landstr. 99, 66123 Sarrebruck, Allemagne
Téléphone +49 681 37 20 271-1, Fax +49 681 37 20 271-0
Email: info@editions-ue.com
Agréé: Rabat, Université Mohammed V , thèse de doctorat, 2007

Produit en Allemagne:
Schaltungsdienst Lange o.H.G., Berlin
Books on Demand GmbH, Norderstedt
Reha GmbH, Saarbrücken
Amazon Distribution GmbH, Leipzig
ISBN: 978-613-1-57440-5

Imprint (only for USA, GB)

Bibliographic information published by the Deutsche Nationalbibliothek: The Deutsche Nationalbibliothek lists this publication in the Deutsche Nationalbibliografie; detailed bibliographic data are available in the Internet at http://dnb.d-nb.de.
Any brand names and product names mentioned in this book are subject to trademark, brand or patent protection and are trademarks or registered trademarks of their respective holders. The use of brand names, product names, common names, trade names, product descriptions etc. even without a particular marking in this works is in no way to be construed to mean that such names may be regarded as unrestricted in respect of trademark and brand protection legislation and could thus be used by anyone.

Cover image: www.ingimage.com

Publisher: Éditions universitaires européennes is an imprint of the publishing house Südwestdeutscher Verlag für Hochschulschriften GmbH & Co. KG
Dudweiler Landstr. 99, 66123 Saarbrücken, Germany
Phone +49 681 37 20 271-1, Fax +49 681 37 20 271-0
Email: info@editions-ue.com

Printed in the U.S.A.
Printed in the U.K. by (see last page)
ISBN: 978-613-1-57440-5

Remerciement

Je tiens à remercier infiniment ma mère et mon père, une mère agréable à tous les niveaux et un père à caractère unique, un grand merci à ma sœur et ses deux anges Ayman et Aya pour tous les moments de joie partager. Un grand merci à mon frère et ami Mounir pour son soutient et sa disponibilité.

A notre cher professeur et éducateur Mohamad Ratib Nabulsi qui disait que l'innovation est 99% effort personnelle et 1% qui reste une aide d'Allah. L'encyclopédie islamique qui l'a mis sur internet m'a été une source de bonheur et prospérité.

Je tiens aussi à remercier tous les professeurs qui ont marqué mon existence et ma façon d'enseigner et d'apprendre et ceci sans exception. Un remerciement distingué à mes chers professeur Aboubaker LBEKKOURI, Ahmed ASIMI, El Houssine BOUYAKHF et bien sur Noureddine ZAHID la premier personne qui a cru à l'originalité de cette algorithme et à sa valeur ajouter au moins sur l'axe recherche puisque sa exploite une nouvelle source de complexité.

Préface

Ce modeste travail, présent le fruit de plusieurs années de travail, de souffrance sur le plan personnel, émotionnelle et bien sûr professionnelle, une époque très agitée pleine de conflits et d'échecs partiaux et dont la non linéarité de l'univers à permit une convergence total d'un système partiellement divergent. Concevoir un nouvel algorithme est de loin une tache quotidienne, le valider est une autre histoire. Mais exploiter une nouvelle source de complexité est l'un des plus courts chemins pour concevoir un nouvel algorithme.
L'algorithme R.A NMJ, sujet d'étude dans ce livre, trouve ses origines d'une idée qui s'inspire du comportement chaotique d'une civilisation fictive fondée sur la tricherie et qui produit et transmet un flux, une ironie pleine d'exploits fictifs, d'informations qui sera transmit d'une génération à une autre après avoir subit des transformations non linaires dissipatives avec compensation de telle façon que le flux transmis est loin de représenter l'état réel du système. Autre l'exploitation des lois qui gouvernent cette civilisation, la proposition d'un formalisme mathématique fondé sur les fonctions et les classes de fonctions à trois états a permis de rendre l'implémentation d'un tel environnement possible et aussi de l'adapter à régénérer des suites binaire cryptographiquement sure et ceci à partir de n'importe quelle mot de passe. Un processus que je vous laisse découvrir en vous souhaitant une bonne lecture.

Essaouira 1/05/2011
Abderrahim SABOUR

TABLE DES MATIÈRES

INTRODUCTION GENERALE _____ **11**

CHAPITRE 1 : CRYPTOGRAPHIE ET NOTIONS DE SECURITE _____ **13**

  1.1   Introduction et terminologie _____**13**
    1.1.1   La confidentialité _____13
    1.1.2   L'intégrité des données _____14
    1.1.3   L'authentification _____14
    1.1.4   Le Non-reniement _____14

  1.2   La cryptographie à clés secrètes (symétrique) _____**15**
    1.2.1   Chiffrements par blocs _____15
    1.2.2   Chiffrements de flux_____16

  1.3   La cryptographie à clés publiques (Asymétrique) _____**17**
    Le principe de chiffrement à clés publics_____19

  1.3   Avantages et inconvénients _____**19**
    1.3.1   Notion de clé de session _____19
    1.3.2   La signature électronique _____20
    1.3.3   Fonction de hachage _____20
    1.3.4   Vérification de l'intégrité_____20
    1.3.5   Le scellement des données _____21

  1.4   Conclusion _____**21**

CHAPITRE 2 : LES ALGORITHMES EVOLUTIONNISTES _____ **22**

  2.1   Introduction _____**22**

  2.2   Les Algorithmes Génétiques _____**23**
    2.2.1   Définitions et origine _____23
    2.2.2   Opérateurs génétiques _____25

  2.3   Conclusion _____**28**

CHAPITRE 3 : DESCRIPTION DE L'ALGORITHME R.A NMJ_____ **29**

  3.1   Introduction et Définitions _____**29**
    3.1.1   Forme détaillée de l'individu_____30

  3.2   Description de l'algorithme R.A NMJ _____**32**

  3.3   Description détaillée de l'algorithme R.A NMJ _____**33**
    3.3.1   Processus I _____33
    3.3.2   Processus II_____34
    3.3.3   Processus III _____35

  3.4   Quelques caractéristiques du R.A NMJ _____**37**

  3.5   Conclusion _____**38**

CHAPITRE 4 : ETUDE THEORIQUE DE L'OBSERVATEUR_____ **39**

  4.1   Introduction _____**39**

  4.2   Etude des fonctions à trois états _____**40**
    4.2.1   Fonctions à trois états_____40
    4.2.2   Métrique sur l'ensemble des fonctions périodiques à deux ou à trois états de même période _____41

4.2.3   Métrique sur un ensemble des fonctions à deux ou à trois états pas nécessairement de même période _____42

4.3   Etude des caractéristiques internes des classes des fonctions à trois états _____ 43
4.3.1   La probabilité des états α, β et λ _____ 43
4.3.2   La distribution des longueurs des Sp _____ 44
4.3.3   La distribution des distances entre fonctions à trois états _____ 44

4.4   Etude des caractéristiques de la transformée W _____ 50
4.4.1   Définitions _____ 50
4.4.2   Caractéristiques de la transformée W _____ 51
4.4.3   L'étude de la complexité de W_G _____ 52

4.5   Conclusion _____ 53

CHAPITRE 5 :   ETUDE DU COMPORTEMENT CHAOTIQUE DE L'ALGORITHME R.A NMJ _____ 54

5.1   Introduction _____ 54

5.2   La théorie du chaos _____ 55
5.2.1   Notion de système dynamique _____ 55
5.2.2   Sensibilité aux conditions initiales _____ 55
5.2.3   Attracteur étrange _____ 55

5.3   Définitions _____ 56

5.4   Sensibilité aux conditions initiales _____ 56
5.4.1   Justification du choix des caractéristiques de la classe à trois états _____ 57
5.4.2   Contribution des bits du mot de passe _____ 58
5.4.3   Premier test : Mot de passe de 8 caractères _____ 60
5.4.4   Variation de la distance entre les mots de passe _____ 61

5.5   Sensibilité aux perturbations au voisinage d'un attracteur _____ 63
5.5.1   Les caractéristiques de la population _____ 63
5.5.2   Les perturbations au voisinage des attracteurs _____ 64

5.6   Conclusion _____ 66

CHAPITRE 6 :   ETUDE DES CARACTERISTIQUES DES SUITES BINAIRES REGENEREES PAR L'ALGORITHME R.A NMJ _____ 68

6.1   Introduction _____ 68

6.2   Le choix du mot de passe _____ 68

6.3   Description des Tests _____ 69
6.3.1   Test de marche aléatoire _____ 69
6.3.2   Test de répétition _____ 70
6.3.3   Test d'oscillation _____ 70
6.3.4   Tests en fréquence _____ 70
6.3.5   Recherche de séquences prédéfinies _____ 71
6.3.6   Test de compression de Lempel-Ziv _____ 72
6.3.7   Test universel de Maurer _____ 73
6.3.8   Test de complexité linéaire _____ 73
6.3.9   Test matriciel _____ 73

6.4   Résultats des Tests _____ 74

6.5   Conclusion _____ 82

CONCLUSION _____ 83

ANNEXES _____ 86

ANNEXE 1 : RESULTATS DETAILLES DES TESTS APPLIQUES A LA SUITE BINAIRES REGENEREE PAR L'ALGORITHME R.A NMJ _____ 87

ANNEXE 2 : IMPLEMENTATION EN C++ DE L'ALGORITHME R.A NMJ _____ 92

BIBLIOGRAPHIE _____ 101

TABLE DES FIGURES

FIGURE 1 : ORGANIGRAMME D'UN ALGORITHME EVOLUTIONNAIRE 23
FIGURE 2 : OPERATEUR DE CROISEMENT A 1 POINT 27
FIGURE 3 : STRUCTURE INTERNE DE L'INDIVIDU 31
FIGURE 4 : SYNOPTIQUE GENERAL DU R.A NMJ 32
FIGURE 5 : LA DISTRIBUTION DES LONGUEURS DES FONCTIONS A TROIS ETATS DES DEUX CLASSES CI ET CII 44
FIGURE 6 : HISTOGRAMME DE LA MATRICE $\left(d_{ij} \right)$ ASSOCIEE A LA CLASSE C I 45
FIGURE 7 : HISTOGRAMME DE LA MATRICE $\left(d_{ij} \right)$ ASSOCIEE A LA CLASSE C II 45
FIGURE 8 : LES 313 VALEURS PROPRES POSITIVES ASSOCIEES A LA CLASSE CI, TRIEES PAR ORDRE CROISSANT 48
FIGURE 9 : POURCENTAGES $\mathbf{P}\left(\mathbf{X}_{(i)} \right)$ DE LA CONTRIBUTION DE CHAQUE AXE PAR RAPPORT AUX AUTRES AXES DE L'ESPACE D'EUCLIDE. 49
FIGURE 10 : LES VALEURS PROPRES POSITIVES ASSOCIEES A LA CLASSE CII, TRIEES PAR ORDRE CROISSANT 49
FIGURE 11 : POURCENTAGES $\mathbf{P}\left(\mathbf{X}_{(i)} \right)$ DE LA CONTRIBUTION DE CHAQUE AXE PAR RAPPORT AUX AUTRES AXES DE L'ESPACE D'EUCLIDE. 50
FIGURE 12 : FORME GENERALE DES SUITES BINAIRES ASSOCIEES 52
FIGURE 13 : CONTRIBUTION DES BITS DES MOTS DE PASSE DANS LES BLOC DATA DES INDIVIDUS. 59
FIGURE 14 : EVOLUTION DE L'EXPOSANT DE LYAPUNOV 61
FIGURE 15 : EVOLUTION DE LA DISTANCE ENTRE LES DEUX POPULATIONS SUITE AU CHANGEMENT DE L'ETAT D'UN BIT 65
FIGURE 16 : EVOLUTION DE L'EXPOSANT DE LYAPUNOV SUITE AU CHANGEMENT DE L'ETAT D'UN BIT 65
FIGURE 17 : EVOLUTION DE LA DISTANCE ENTRE LES DEUX POPULATIONS SUITE AU CHANGEMENT DE POSITION D'UN INDIVIDU DONNE 66
FIGURE 18 : EVOLUTION DE L'EXPOSANT DE LYAPUNOV SUITE AU CHANGEMENT DE POSITION D'UN INDIVIDU DONNE 66
FIGURE 19 : INTERPRETATION DES RESULTATS DU LOGICIEL NIST STATISTICAL TEST SUITE 74
FIGURE 20 : FREQUENCY (MONOBIT) TEST 75
FIGURE 21 : FREQUENCY TEST WITHIN A BLOCK 75
FIGURE 22 : CUMULATIVE SUMS (CUSUM) TEST 76
FIGURE 23 : RUNS TEST 76
FIGURE 24 : TEST FOR THE LONGEST RUN OF ONES IN A BLOCK 77
FIGURE 25 : BINARY MATRIX RANK TEST 77
FIGURE 26 : DISCRETE FOURIER TRANSFORM (SPECTRAL) TEST 78
FIGURE 27 : NON-OVERLAPPING TEMPLATE MATCHING TEST 78
FIGURE 28 : OVERLAPPING TEMPLATE MATCHING TEST 79
FIGURE 29 : MAURER'S "UNIVERSAL STATISTICAL" TEST 79
FIGURE 30 : APPROXIMATE ENTROPY TEST 80
FIGURE 31 : RANDOM EXCURSIONS TEST 80
FIGURE 32 : RANDOM EXCURSIONS VARIANT TEST 81
FIGURE 33 : SERIAL TEST 81
FIGURE 34 : LINEAR COMPLEXITY TEST 82

NOTATIONS

$\mathbf{N}$: Ensemble des entiers naturels.

$\mathbf{R}$: Ensemble des nombres réels.

$|n:m|$: L'ensemble des entiers naturels compris entre n et m avec $n < m$.

$D_i = |\ i_m = \min(D_i) : i_M = \text{Max}(D_i)\ |$: la plage de valeurs que peut prendre la variable i.

F : L'ensemble de fonctions, définies sur $\mathbf{N}$, périodiques de période T, à deux états (F_2) ou trois états (F_3).

Γ_2 (resp. Γ_3) : l'ensemble des fonctions à deux états 0 et 1 (resp. à trois états α, β et λ) dont les suites associées sont périodiques.

$E[A]$: Désigne la partie entière de A

#H : Le cardinal de l'ensemble fini H.

$L(s)$: La longueur de la suite des états s.

$Sp(G)$: désigne le signal primitive de la fonction G.

$\langle .,. \rangle$: désigne le produit scalaire sur $\mathbf{R}^d$.

$\wedge$: et logique.

$\vee$: ou logique

$p(x)$: La probabilité que l'événement x soit vrai.

$ppmc(k_1,...,k_r)$: Le plus petit multiple commun des entiers $k_1,...,k_r$.

PW : Mot de passe, considéré comme une suite binaire, sa taille peut varier de 1 à 100 caractères.

$|X|$: La somme des valeurs absolus des coefficients de la matrice X.

$^T Y$: désigne le transposé du vecteur Y

INTRODUCTION GENERALE

Depuis la révolution Internet, les échanges d'informations sont grandement facilités. Reste qu'avec ce flux d'informations permanent, on peine à trouver un espace de confidentialité. Ainsi la cryptographie, science déjà très ancienne, trouve aujourd'hui des applications très nombreuses dans des domaines variés (paiements sécurisés, courrier électronique confidentiel, signatures électroniques...).

Dans un tel monde, la sécurité informatique devient l'un des soucis majeurs de toutes les sociétés. Cependant, protéger ses informations n'est pas une chose facile. Les enjeux économiques ou sociaux actuels exigent de considérer des objets de plus en plus complexes. Les modèles deviennent donc de plus en plus complexes et globaux, ce qui est rendu possible par les avancées théoriques et algorithmiques, et par la montée en puissance exponentielle des ordinateurs [Moore, 1965]. C'est dans ce cadre que vient s'inscrire cette thèse qui a pour objectif la création, l'implémentation d'un cryptosystème que nous avons appelé R.A NMJ d'une part et l'étude théorique de ses fonctions via l'analyse des fonctions et des classes de fonctions à trois états, ainsi qu'une présentation des caractéristiques chaotiques de notre algorithme.

La cryptologie, [Dubertret, 1998, Beckett, 1990, Stinson, 2003] étymologiquement la science du secret, elle a pour but d'assurer ou de compromettre ces principales fonctions de sécurité. Elle se partage en deux problématiques. D'une part la cryptographie qui construit les mécanismes aptes à assurer les fonctionnalités de sécurité. D'autre part la cryptanalyse, dont le but est d'analyser les faiblesses de ces constructions et de proposer des attaques. En effet, si déchiffrer consiste à retrouver le clair au moyen d'une clé, le cryptanalyser c'est tenter de se passer de cette dernière. À côté de la fonction de chiffrement, qui permet de préserver le secret des données lors d'une transmission, et qui a été utilisée depuis très longtemps, la cryptologie moderne a développé de nouveaux buts à atteindre et qu'on peut énumérer de manière non exhaustive : la confidentialité, l'intégrité des données, l'authentification des divers acteurs, la non-répudiation d'un contrat numérique, la signature numérique, la certification, le contrôle d'accès, la gestion des clés et la preuve de connaissance.

La cryptographie informatique professionnelle, est un phénomène récent, rendu indispensable du fait que les informations sont accessibles pratiquement à tous par des réseaux publics.

La cryptographie moderne [Kerckhoffs, 1883] est orientée vers la manipulation de chiffres, la cryptographie à clé secrète fait usage des fonctions booléennes, des générateurs de suites pseudo-aléatoires et des corps finis et la cryptographie à clé publique fait plutôt usage du problème de la factorisation des entiers, du problème du logarithme discret dans des groupes arithmétiques, du problème lié aux résidus quadratiques, aux fractions continues et aux réseaux arithmétiques.

Le cryptosystème R.A NMJ est un protocole de régénération de suites binaires cryptographiquement sûres à partir d'un mot de passe de taille quelconque. Il s'inspire des algorithmes évolutionnistes (AE), en l'occurrence les algorithmes génétiques (AG) [Goldberg, 1985, Goldberg, 1989a], qui sont des méthodes heuristiques adaptatives de recherche posée en prémisse sur les idées du choix normal et génétique [Djerid, 1995]. Ils permettent une exploitation intelligente d'une recherche stochastique dans un espace défini de recherche pour résoudre un problème.

Les algorithmes évolutionnistes [Michalewicz, 1992] ont été largement étudiés, expérimentés et appliqués dans beaucoup de domaines en monde de technologie. Non seulement, ils sont des méthodes alternatives à résoudre les problèmes, mais ils surpassent uniformément d'autres méthodes traditionnelles dans la plupart des problèmes. Plusieurs problèmes réels impliquant la recherche des paramètres optimaux [Holland, 1975, Goldberg, 1989b, Goldberg, 1989c] qui sont difficilement solubles par les méthodes traditionnelles ont trouvé leur solution par les algorithmes génétiques. Cependant, en raison de son exécution exceptionnelle dans l'optimisation, ils ont été incorrectement considérés comme des optimiseurs de fonctions [Goldberg, 1991, Chung, 1993, Caux, 1995]. Etant donné que cette classe d'algorithme est fondée sur des transformées non-linéaires [FEIGENBAUM, 1978] dissipatives [PRIGOGINE, 1994] avec compensation, ainsi les AE offrent une grande souplesse structurelle permettant l'ajout, la suppression et l'adaptation de leurs fonctions (création, accouplement, mutation, …) qui les composent, et ceci en fonction des besoins de problèmes traités. Dans cette thèse, une approche toute nouvelle est prise vis-à-vis des algorithmes évolutionnistes. Ainsi, l'algorithme R.A NMJ s'inspire largement des AE tout en introduisant de nouvelles fonctions et mécanismes, cet algorithme a pour objectif la régénération des suites binaires cryptographiquement sûres en simulant un système dynamique dissipatif [ECKMANN, 1985, Michalewicz, 1994] avec compensation créé à partir d'un mot de passe de taille quelconque, fondé sur la fonction d'observateur qui se présente sous forme d'une classe de fonctions à trois états α, β et λ. Les fonctions à trois états sont utilisées, lors du processus I, pour créer les Bloc Data des individus de la population initiale à partir du mot de passe. Elles ont été adaptées pour définir de nouvelles fonctions d'accouplements et permettre ainsi l'évolution des individus en doublant la taille de leurs Bloc Data lors du processus II. Et quant au processus III, elles interviennent à deux reprises : la première, est lors de la fonction d'accouplement II, permet de régénérer les Bloc Data de N bits à partir de deux blocs de N bits et la deuxième reprise, lors de la fonction de contribution, fonction à laquelle chaque individu contribuera à la séquence binaire qui sera X-orée au message clair ou crypté. Le fait que le système arbore des comportements extrêmement complexes et désordonnés [ECKMANN, 1985] justifie l'étude théorique des différentes fonctions de l'algorithme R.A NMJ.

Ce travail est composé de six chapitres. Le premier chapitre, présente une introduction générale à la cryptographie afin de positionner notre contribution. Le deuxième chapitre introduit les algorithmes génétiques et leurs principales caractéristiques. Dans le chapitre trois nous présentons la description détaillée du cryptosystème R.A NMJ. Quant au chapitre quatre, nous étudions les caractéristiques des fonctions et les classes de fonctions à trois états, ainsi que les transformations d'où elles interviennent. Le chapitre cinq est consacré à l'analyse du comportement chaotique de l'algorithme R.A NMJ, à travers l'étude de sa sensibilité aux conditions initiales et aux perturbations au voisinage d'un attracteur. Le chapitres six, présente les résultats de l'analyse des suites binaires régénérées par le cryptosystème R.A NMJ.

Si la principale contribution de cette thèse demeure la proposition et l'étude théorique de l'algorithme R.A NMJ et des fonctions à trois états, il n'en demeure pas moins que les questions qui restent ouvertes sont d'un intérêt appréciable. Certaines d'entre elles sont présentées en conclusion, ainsi qu'un bilan de nos travaux effectués.

CHAPITRE 1 :

CRYPTOGRAPHIE ET NOTIONS DE SECURITE

1.1   Introduction et terminologie
.1.1.1   La confidentialité
.1.1.2   L'intégrité des données
.1.1.3   L'authentification
.1.1.4   Le Non-reniement

1.2   La cryptographie à clé secrète
.1.2.1   Chiffrements par blocs
.1.2.2   Chiffrements de flux
   1.2.2.a   Les nombres aléatoires
   1.2.2.b   Le masque jetable

1.3   La cryptographie à clé publique (Asymétrique)
1.3.1 Le principe de chiffrement à clé public

1.4   Avantage et inconvénients
.1.4.1   Notion de clé de session
.1.4.2   La signature électronique
.1.4.3   Fonction de hachage
.1.4.4   Vérification de l'intégrité
.1.4.5   Le scellement des données

1.5   Conclusion

1.1   Introduction et terminologie

La cryptographie est l'étude des principes, méthodes et techniques mathématiques reliées aux aspects de sécurité de l'information telles la confidentialité, l'intégralité des données, authentification d'entités et l'authentification de l'originalité des données, c'est aussi un ensemble de techniques qui fournit la sécurité de l'information.

La cryptographie ou chiffrement est le processus de transcription d'une information intelligible en une information inintelligible par l'application de conventions secrètes dont l'effet est réversible, c-à-d transformer grâce à une clé de chiffrement un texte en clair en un texte chiffré, de telle sorte que la transformation inverse ne soit possible qu'avec la connaissance de la clé de déchiffrement. Le cryptographe est responsable du choix de l'algorithme, mais l'implémentation dépend du système d'exploitation utilisé et la sécurité de ce dernier est parfois difficile à déterminer. Pour atteindre cet objectif, la cryptographie doit assurer :

1.1.1   La confidentialité

Est un service employé pour garder la teneur de l'information de tout sauf ceux autorisés à l'avoir. Le secret et l'intimité sont synonymes avec la confidentialité. Il y a de nombreuses approches à fournir la confidentialité, s'étendant de la protection physique aux algorithmes mathématiques qui rendent des données secrètes.

1.1.2 L'intégrité des données

L'intégrité des données est l'ensemble des mesures qui doivent être prises pour assurer la sauvegarde et l'emploi judicieux de ces données, c-à-d assurer que le contenu de l'information n'a pas été altéré ou modifié au cours d'un échange (par exemple, suite à un transfert sur un réseau). La sécurité des données comporte toutes les mesures destinées à éviter la perte ou l'altération accidentelle des données. Il s'agit des mesures physiques telles que l'établissement de copies de sauvegarde. Elles doivent permettre de garantir à long terme la sûreté des données.

1.1.3 L'authentification

L'authentification est la procédure qui consiste, pour un système informatique, à vérifier l'identité d'une entité (personne, ordinateur, ...), afin d'autoriser l'accès de cette entité à des ressources (systèmes, réseaux, applications, ...). Elle permet donc de valider l'authenticité de l'entité en question, elle peut inclure une phase d'identification au cours de laquelle l'entité indique son identité. Cependant, cela n'est pas obligatoire; il est en effet possible d'avoir des entités munies de droits d'accès mais restant anonymes. L'identification permet donc de connaître l'identité d'une entité alors que l'authentification permet de vérifier cette identité. Définir qui a accès à quoi, où et quand, mais aussi journaliser les actions des individus, voilà ce que doit permettre le contrôle d'accès au système d'information. Il revêt deux aspects. Fondamentalement, il sera réalisé par une identification, suivie d'une authentification, les deux pouvant être liées. Alors que l'identification requiert de l'individu qu'il décline son identité, l'authentification nécessite que cet individu fournisse la preuve de son identité. Cette preuve peut être constituée soit :

- par une information connue du seul individu, dont l'exemple classique et omniprésent est le mot de passe ;

- par un certificat fourni par l'individu, une technique intégrée dans les PKI[1] (Public Key Infrastructure);

- par un objet que l'individu est le seul à posséder, telle qu'une calculette ou une carte à puces ;

- par une caractéristique physique unique de l'individu, telle que définie par les techniques de la biométrie ;

- par une combinaison des éléments précédents, ce qui est généralement le cas dès lors qu'on a recours à un élément autre que le mot de passe.

L'authentification par mot de passe est celle utilisée par défaut sur l'ensemble des systèmes d'exploitation. Le choix et la gestion du mot de passe sont du ressort de l'utilisateur, mais le respect de quelques règles doit permettre de maintenir un niveau de sécurité homogène sur ce point. Un « bon » mot de passe doit comporter au minimum 7 caractères et doit alterner caractères de contrôles, de ponctuation, chiffres, ainsi que majuscules et minuscules. De surcroît, un mot de passe ne doit pas pouvoir être déduit ou deviné en analysant les informations privées ou générales, liées à l'individu, à l'organisation, au système, etc.

---

[1] PKI :(Public Key Infrastructure, ou infrastructure à clé publique (ICP), parfois infrastructure de gestion de clés (IGC)) est l'ensemble des solutions techniques basées sur la cryptographie à clé publique.

1.1.4 Le Non-reniement

Est l'assurance qui est donnée à l'envoyeur, preuve de livraison à l'appui de même que celle donnée au récepteur avec la preuve de l'identité de l'envoyeur; de façon à ce qu'aucun des deux ne puissent nier que les données aient été transmises. Le non-reniement est un service qui empêche une entité des engagements précédents ou actions. Quand des conflits surgissent en raison d'une entité niant que certaines actions ont été prisent, des moyens de résoudre la situation sont nécessaires.

Un but fondamental de la cryptographie est d'adresser en juste proportion ces quatre secteurs dans la théorie et la pratique. La cryptographie est au sujet de la prévention et de la détection de la fraude et d'autres activités malveillantes.

1.2 La cryptographie à clés secrètes (symétrique)

La cryptographie symétrique [Menezes, 1996, Schneier, 1996], également dite à clé secrète (ou encore conventionnelle), est la plus ancienne forme de chiffrement, regroupe les algorithmes pour lesquels expéditeur et destinataire partagent une même clé secrète. Le problème de cette technique est que la clé, qui doit rester totalement confidentielle, doit être transmise au correspondant de façon sûre. En outre lorsqu'un grand nombre de personnes désirent communiquer ensemble, le nombre de clés augmente de façon importante (une pour chaque couple de communicants). Ceci pose des problèmes de gestion des clés. Par exemple, dans un réseau de N entités susceptibles de communiquer secrètement, il faut distribuer $N(N-1)/2$ clés. Deux grandes catégories de chiffrements à clé secrète se manifestent :

- Le chiffrements par blocs : la principale différence vient du découpage des données en blocs de taille généralement fixe (souvent une puissance de 2). Les blocs sont ensuite chiffrés les uns après les autres.
- Le chiffrement par flot : se présente souvent sous la forme d'un générateur de nombres pseudo-aléatoires avec lequel on opère un XOR entre un bit à la sortie du générateur et un bit provenant des données.

1.2.1 Chiffrements par blocs

Dans ce type de chiffrement [Stinson, 2003], il y a une séparation du texte clair en blocs d'une longueur fixe selon un alphabet, et un algorithme chiffre un bloc à la fois. Une bonne sécurité est définie par une clé assez longue. Les clés très longues sont plus coûteuses en travail à cause notamment de leur génération, de leur transmission, de leur espace mémoire et de la difficulté de s'en rappeler (mots de passe). La taille des blocs a un impact sur la sécurité et sur la complexité : les blocs de grandes dimensions sont plus sécuritaires mais sont plus lourds à implémenter.

Le DES[2] (Data Encryption Standard) qui a été remplacé par le DES triple (triple DES) chiffré trois fois de suite a été remplacé par l'AES[3] (Advanced Encryption Standard) dans lequel la clé et les blocs sont des multiples de 32 bits (128, 192 ou 256) selon des combinaisons variées. Le chiffrement Twofish opère sur des paquets de données de 64 bits avec des clés de longueur varient de 32 à 448 bits. Le chiffrement IDEA (International Data Encryption Algorithm) est un

---

[2] L'algorithme DES, Data Encryption Standard, a été créé dans les laboratoires de la firme IBM Corp. Il est devenu le standard du NIST en 1976 et a été adopté par le gouvernement en 1977.

[3] AES : L'algorithme Rijndael a été conçu par Joan Daemen et Vincent Rijmen, algorithme de chiffrement symétrique, choisi en octobre 2000 par le NIST pour être le nouveau standard de chiffrement pour les organisations du gouvernement des États-Unis.

chiffreur dont la longueur de bloc est de 64 bits et la longueur de clé est de 64 bits. Ce chiffrement est similaire au chiffrement DES. Il est un peu plus rapide cependant. Le chiffrement Lucifer est à la base du chiffrement DES.

L'idée générale du chiffrement par blocs est la suivante :

1. Remplacer les caractères par un code binaire. On obtient ainsi une longue chaîne de 0 et de 1.
2. Découper cette chaîne en blocs de longueur donnée.
3. Chiffrer un bloc en l'additionnant bit par bit à une clef.
4. Déplacer certains bits du bloc.
5. Recommencer éventuellement un certain nombre de fois l'opération 3. Appelé une ronde.
6. Passer au bloc suivant et retourner au point 3 jusqu'à ce que tout le message soit chiffré.

1.2.2 Chiffrements de flux

Les algorithmes de chiffrement de flux (stream ciphers) [Schneier, 1996] peuvent être définis comme étant des algorithmes de chiffrement par blocs, où le bloc a une dimension unitaire (1 bit, 1 octet, etc.) ou relativement petite. Leurs avantages principaux viennent du fait que la transformation (méthode de chiffrement) peut être changée à chaque symbole du texte clair et du fait qu'ils soient extrêmement rapides. De plus, ils sont utiles dans un environnement où les erreurs sont fréquentes car ils ont l'avantage de ne pas propager les erreurs (diffusion).

1.2.2.1 Les nombres aléatoires

La cryptographie a souvent recours à des nombres aléatoires. Ainsi, lorsqu'une personne génère une clé secrète ou privée, elle doit faire intervenir le hasard de façon à empêcher un adversaire de deviner la clé. De même, certains protocoles cryptographiques nécessitent, pour éviter la rejouabilité[4] par exemple, l'utilisation d'aléas imprévisibles par les opposants.

Un nombre aléatoire est assez difficile à définir mathématiquement. On ne peut dire d'un nombre qu'il est aléatoire, mais qu'une suite de nombre est aléatoire. Il n'est pas possible de prouver réellement que les décimales de π ou de e soient distribuées aléatoirement. Il s'agit d'une distribution uniforme des éléments dans leur espace. Ils doivent aussi être non corrélés entre eux, c'est à dire qu'il n'existe aucune forme de ressemblance mathématique et statistique entre deux extraits différents d'une même suite. Cela définit l'imprédictibilité, c'est à dire que l'observation d'une partie même très grande de la suite ne peut pas conduire à déterminer les parties passées ou futures. Malheureusement, il est impossible de produire des suites aléatoires à l'aide uniquement d'un ordinateur : le générateur sera toujours périodique, donc prévisible. On a donc recours à des générateurs dits pseudo-aléatoires et cryptographiquement sûrs. Un tel générateur doit présenter les caractéristiques suivantes :

---

[4] Non-rejouabilité : Même en ne comprenant rien aux messages échangés entre deux parties, une partie intermédiaire peut toujours enregistrer ces messages pour les ré-émettre ("rejouer") ensuite. Il est donc important de toujours introduire une partie variable dans chaque message (identifiant de session ou *token*, fonction du temps...) et d'éviter l'utilisation de mots de passe constants et donc rejouables,

1. La période de la suite doit être suffisamment grande pour que les sous-suites finies utilisées avec l'algorithme ou le protocole cryptographique ne soient pas périodiques.

2. Ces sous-suites doivent êtres, sur le plan statistique, semblées aléatoires.

3. Le générateur doit être imprévisible au sens où il doit être impossible de prédire le prochain aléa à partir des aléas précédents.

La plupart des générateurs pseudo-aléatoires sont construits en utilisant des registres à décalage (shift registers) et, en particulier, les registres à décalage à rétroaction linéaire [Golomb, 1982, Rueppel, 1986] (Linear Feedback Shift Registers, LFSR[5]). Ces derniers présentent l'inconvénient de générer des suites linéaires, si bien que des grands nombres générés à partir de sous-suites sont fortement corrélés. C'est pourquoi les générateurs pseudo-aléatoires sont généralement construits en combinant, à l'aide d'une fonction non linéaire, plusieurs registres à décalage de tailles différentes. Ce type de générateur est très utilisé par les algorithmes de chiffrement en continu.

1.2.2.2 Le masque jetable

Le masque jetable, également appelé chiffre de Vernam, bien que simple, il est le seul algorithme de cryptage connu comme étant indécryptable. C'est en fait un chiffre de Vigenère avec comme caractéristique que la clé de chiffrement a la même longueur que le message clair. Le système du masque jetable fut inventé par Gilbert Vernam en 1917 [Vernam, 1926], puis perfectionné par le major Joseph O. Mauborgne en 1918, qui inventa le concept de clé aléatoire.

Cette technique impose trois contraintes :

- La clé doit être une suite de caractères aussi longue que le message à chiffrer.
- Les caractères composant la clé doivent être choisis de façon totalement aléatoire.
- Chaque clé, ou "masque", ne doit être utilisée qu'une seule fois (d'où le nom de masque jetable).

L'intérêt considérable de cette méthode de chiffrement, c'est que si les trois règles ci-dessus sont respectées strictement, le système offre une sécurité théorique absolue, comme l'a prouvé Claude Shannon [Shannon, 1948]. Si on ne connaît que le texte chiffré, et que toutes les clés sont équiprobables alors tous les textes clairs sont possibles et avec la même probabilité puisqu'il y a bijection, une fois le chiffré fixé, entre clés et textes clairs. Même une attaque par force brute ne donnera aucune information. Ce type d'impossibilité, appelé sécurité sémantique, ne repose pas sur la difficulté du calcul, comme c'est le cas avec les autres systèmes de chiffrement en usage. Autrement dit, le système du masque jetable est inconditionnellement sûr. Le problème de ce système est de communiquer les clés de chiffrage ou de trouver un algorithme de génération de clé commun aux deux partenaires.

1.3 La cryptographie à clés publiques (Asymétrique)

Les problèmes de distribution de clé sont résolus par la cryptographie à clé publique, dont le concept fut inventé par Whitfield Diffie et Martin Hellman en 1975 [Diffie, 1976]. La cryptographie à clé publique repose sur un schéma asymétrique qui utilise une paire de clés pour le chiffrement : une clé publique, qui chiffre les données, et une clé privée correspondante, aussi

---

[5] Un registre à décalage à rétroaction linéaire est un dispositif permettant d'engendrer une suite infinie qui satisfait une relation de récurrence linéaire.

appelée clé secrète, qui sera utilisée pour le déchiffrement. Vous publiez largement votre clé publique, tout en gardant votre clé privée secrète. Toute personne en possession d'une copie de votre clé publique peut ensuite chiffrer des informations que vous seul pourrez lire. Même des gens que vous n'avez jamais rencontrés. Il est mathématiquement impossible de déduire la clé privée de la clé publique. Quiconque a une clé publique peut chiffrer des informations mais ne peut pas les déchiffrer. Seule la personne qui a la clé privée correspondante peut déchiffrer les informations.

Le principal avantage de la cryptographie à clé publique est qu'elle permet à des gens qui n'ont pas d'accord de sécurité préalable d'échanger des messages de manière sûre. La nécessité pour l'expéditeur et le destinataire de partager des clés secrètes via un canal sûr est éliminée; toutes les communications impliquent uniquement des clés publiques, et aucune clé privée n'est jamais transmise ou partagée. Des exemples de crypto système à clé publique sont Elgamal [ElGamal, 1985], RSA (du nom de ses inventeurs, Ron Rivest, Adi Shamir, et Leonard Aldeman) [Rivest, 1977], Diffie-Hellman [Diffie, 1976], et DSA, l'Algorithme de Signature Digitale (inventé par David Kravitz).

1.3.1 Le principe de chiffrement à clés publics

Le principe de chiffrement asymétrique (appelé aussi chiffrement à clés publiques) est apparu en 1976, avec la publication d'un ouvrage sur la cryptographie par Whitfield Diffie et Martin Hellman. Dans un cryptosystème asymétrique (ou cryptosystème à clés publiques), les clés existent par paires (le terme de bi-clés est généralement employé) :

- Une clé publique pour le chiffrement;
- Une clé secrète pour le déchiffrement.

Ainsi, dans un système de chiffrement à clé publique, les utilisateurs choisissent une clé aléatoire qu'ils sont seuls à connaître (il s'agit de la clé privée). A partir de cette clé, ils déduisent chacun automatiquement un algorithme (il s'agit de la clé publique). Les utilisateurs s'échangent cette clé publique à travers d'un canal non sécurisé.

Lorsqu'un utilisateur désire envoyer un message à un autre utilisateur, il lui suffit de chiffrer le message à envoyer au moyen de la clé publique du destinataire (qu'il trouvera par exemple dans un serveur des clés tel qu'un annuaire LDAP[6]). Ce dernier sera en mesure de déchiffrer le message à l'aide de sa clé privée (qu'il est seul à connaître).

Ce système est basé sur une fonction facile à calculer dans un sens (appelée fonction à sens unique[7]) et mathématiquement très difficile à inverser sans la clé privée.
A titre d'image, il s'agit pour un utilisateur de créer aléatoirement une petite clé en métal (la clé privée), puis de fabriquer un grand nombre de cadenas (clé publique) qu'il dispose dans un casier accessible à tous (le casier joue le rôle de canal non sécurisé). Pour lui faire parvenir un document, chaque utilisateur peut prendre un cadenas (ouvert), fermer une valisette contenant le document grâce à ce cadenas, puis envoyer la valisette au propriétaire de la clé publique (le propriétaire du cadenas). Seul le propriétaire sera alors en mesure d'ouvrir la valisette avec sa clé privée.

---

[6] LDAP est le protocole d'annuaire sur TCP/IP. Les annuaires permettent de partager des bases d'informations sur le réseau interne ou externe. Ces bases peuvent contenir toute sorte d'information que ce soit des coordonnées de personnes ou des données systèmes.
[7] Une fonction à sens unique est une fonction qui peut être aisément calculée, mais difficile à inverser, c'est-à-dire qu'il est difficile de calculer la donnée d'entrée à partir de la seule donnée de sortie. Les fonctions à sens unique sont utilisées en cryptographie asymétrique et dans les fonctions de hachage cryptographiques.

1.4 Avantages et inconvénients

Le problème consistant à communiquer la clé de déchiffrement n'existe plus, dans la mesure où les clés publiques peuvent être envoyées librement. Le chiffrement par clés publiques permet donc à des personnes d'échanger des messages chiffrés sans pour autant posséder de secret en commun.

En contrepartie, tout le challenge consiste à (s')assurer que la clé publique que l'on récupère est bien celle de la personne à qui l'on souhaite faire parvenir l'information chiffrée !

1.4.1 Notion de clé de session

Les algorithmes asymétriques (entrant en jeu dans les crypto-systèmes à clé publique) permettent de s'affranchir de problèmes liés à l'échange des clés via un canal sécurisé. Toutefois, ces derniers restent beaucoup moins efficaces (en terme de temps de calcul) que les algorithmes symétriques. Ainsi, la notion de clé de session est un compromis entre le chiffrement symétrique et asymétrique permettant de combiner les deux techniques. Le principe de la clé de session est simple : il consiste à générer aléatoirement une clé de session de taille raisonnable, et de chiffrer celle-ci à l'aide d'un algorithme de chiffrement à clé publique (plus exactement à l'aide de la clé publique du destinataire).

Le destinataire est en mesure de déchiffrer la clé de session à l'aide de sa clé privée. Ainsi, expéditeur et destinataire sont en possession d'une clé commune dont ils sont seuls connaisseurs. Il leur est alors possible de s'envoyer des documents chiffrés à l'aide d'un algorithme de chiffrement symétrique.

1.4.2 La signature électronique

Le paradigme de signature électronique (appelé aussi signature numérique) est un procédé permettant de garantir l'authenticité de l'expéditeur (fonction d'authentification) et de vérifier l'intégrité du message reçu. La signature électronique assure également une fonction de non-répudiation, c'est-à-dire qu'elle permet d'assurer que l'expéditeur a bien envoyé le message (autrement dit elle empêche l'expéditeur de nier avoir expédié le message).

1.4.3 Fonction de hachage

Une fonction de hachage (parfois appelée fonction de condensation) est une fonction permettant d'obtenir un condensé (appelé aussi un haché) d'un texte, c'est-à-dire une suite de caractères assez courte représentant le texte qu'il condense. La fonction de hachage doit être telle qu'elle associe un et un seul haché à un texte en clair (cela signifie que la moindre modification du document entraîne la modification de son haché). D'autre part, il doit s'agir d'une fonction à sens unique (one-way function) afin qu'il soit impossible de retrouver le message original à partir du condensé. S'il existe un moyen de retrouver le message en clair à partir du haché, la fonction de hachage est dite « à brèche secrète ».

Ainsi, le haché représente en quelque sorte l'empreinte digitale du document.
Les algorithmes de hachage les plus utilisés pour générer des empreintes :

✓ **MD5** : Cette fonction de hachage est très populaire, elle produit des empreintes de 128 bits. Cette fonction, succédant à MD4 dont elle améliore la sécurité, génère toutefois des empreintes trop courtes. Ainsi l'attaque des anniversaires a déjà été menée avec succès. MD5 est donc une fonction de hachage que nous vous déconseillons d'utiliser.

✓ **SHA-1 :** Cette fonction conçue par la NSA (National Security Agency) produit des empreintes de 160 bits. Sa sécurité est réputée très bonne dans la mesure où de nombreuses études ont été réalisées à son sujet sans trouver de faille réelle. Cependant, dernièrement certains travaux ont permis de souligner quelques faiblesses la concernant : ces faiblesses n'ont pas pour l'instant d'incidence pratique. L'algorithme SHA-1 reste utilisé dans la plupart des applications cryptographiques.

✓ **SHA-2 :** Cette fonction s'inspire du fonctionnement de SHA-1. Les empreintes produites peuvent atteindre 256, 384 voire 512 bits. Elle offre donc théoriquement une résistance aux attaques encore accrues par rapport à SHA-1. Cependant, étant encore assez jeune, elle n'a pas fait l'objet d'autant d'études que SHA-1.

✓ **RipeMD-160 :** RipeMD-160 est une alternative à SHA-1 (il existe également des versions de cet algorithme avec une longueur d'empreinte de 128, 256 et 320 bits). Cette fonction de hachage est néanmoins moins populaire que SHA-1 et a fait l'objet de moins d'études.

1.4.4 Vérification de l'intégrité

En expédiant un message accompagné de son haché, il est possible de garantir l'intégrité d'un message, c'est-à-dire que le destinataire peut vérifier que le message n'a pas été altéré (intentionnellement ou de manière fortuite) durant la communication. Lors de la réception du message, il suffit au destinataire de calculer le haché du message reçu et de le comparer avec le haché accompagnant le document. Si le message (ou le haché) a été falsifié durant la communication, les deux empreintes ne correspondront pas.

1.4.5 Le scellement des données

Le scellement fournit les services d'authentification de l'origine des données et d'intégrité des données, mais il ne fournit pas la non-répudiation. Ceci permet l'utilisation de la cryptographie à clé secrète pour la génération du sceau ou code d'authentification de message. L'utilisation d'une fonction de hachage permet de vérifier que l'empreinte correspond bien au message reçu, mais rien ne prouve que le message a bien été envoyé par celui que l'on croit être l'expéditeur. Ainsi, pour garantir l'authentification du message, il suffit à l'expéditeur de chiffrer (on dit généralement signer) le condensé à l'aide de sa clé privée (le haché signé est appelé sceau) et d'envoyer le sceau au destinataire. A la réception du message, il suffit au destinataire de déchiffrer le sceau avec la clé publique de l'expéditeur, puis de comparer le haché obtenu avec la fonction de hachage au haché reçu en pièce jointe. Ce mécanisme de création de sceau est appelé scellement.

1.5 Conclusion

Nous rappelons que l'objectif de ce premier chapitre était d'introduire les notions de bases de la cryptographie et des services qu'elle offre. Cette science présentant de nombreux développements, nous avons sciemment restreint cette introduction aux concepts qui nous ont semblé essentiels pour avoir un peu de recul par rapport au vocabulaire et aux méthodes d'analyses employées. Différents types de systèmes ont été présentés dans le but de mieux situer l'importance des régénérateurs des suites binaires cryptographiquement sûres. Le chapitre trois, présentera, en détails, notre nouveau régénérateur exploitant les opportunités offertes par les algorithmes évolutionnistes, qui seront introduit dans le chapitre suivant.

CHAPITRE 2 :

LES ALGORITHMES EVOLUTIONNISTES

2.1   Introduction
2.2   **Les Algorithmes Génétiques**
    2.2.1   Définition et origine
    2.2.2   Opérateurs génétiques
        2.2.2.1   Opérateur de sélection
        2.2.2.2   Opérateur de croisement
        2.2.2.3   Opérateur de mutation
        2.2.2.4   Etape de Renouvellement
2.3   **Conclusion**

2.1 Introduction

Le terme algorithme évolutionnaire correspond à l'ensemble des techniques fondées sur ce modèle biologique, dont les plus connues sont les algorithmes génétiques, mais on parle aussi dans ce cadre de programmation génétique, de stratégies d'évolution, de programmation évolutionnaire, selon la façon dont on traduit les principes Darwiniens dans le modèle artificiel. Le principe de base est de copier le comportement de populations d'êtres vivants, qui s'adaptent à leur environnement à l'aide de phénomènes comme la sélection naturelle et l'héritage génétique. La version informatique de ce modèle naturel est bien évidemment extrêmement simplifiée. La caractéristique commune à toutes ces méthodes est qu'elles sont fondées sur la manipulation d'une population artificielle, par exemple dans le cas de l'optimisation des points d'un espace de recherche (les solutions potentielles au problème).

Les algorithmes évolutionnaires [Fogel, 1966, Koza, 1992a, Schwefel, 1995], se basent sur les grands principes rencontrés dans la nature et notamment celui de l'évolution des espèces et de la sélection naturelle énoncés par Charles Darwin [Darwin, 1859]. Cette théorie explique comment, depuis l'apparition de la vie, les espèces ont su évoluer de générations en générations dans le sens d'une meilleure adaptation des individus à l'environnement, en favorisant la survie et la reproduction des individus bien adaptés à l'environnement.

La génétique a su donner une explication au phénomène d'évolution grâce à la découverte de l'ADN en 1944 par Thomas Avery. Toutes les informations nécessaires à la genèse d'un individu (son patrimoine génétique) sont contenues dans les molécules d'ADN, composant les chromosomes, dont chaque cellule de l'organisme possède une copie. L'hérédité consiste à échanger des brins de chromosomes entre individus lors de la reproduction et ainsi à mélanger le patrimoine génétique de deux individus. La mutation de gènes introduit des erreurs dans ce processus de copie. Elle peut contribuer à améliorer les individus et notamment de les adapter à un changement d'environnement.

Les algorithmes génétiques (AG) sont des algorithmes d'optimisation s'appuyant sur les principes d'évolution naturelle et de sélection des espèces comprenant des croisements entre individus, des mutations apparaissant aléatoirement au sein d'une population et une sélection des individus les mieux adaptés à l'environnement [Holland, 1975]. Face à un problème pour lequel il existe un grand nombre de solutions, l'AG va explorer l'espace des solutions en se laissant guider par les principes décrits précédemment. On peut présenter les mécanismes mis en jeu dans les algorithmes évolutionnistes en particulier dans les AG par l'organigramme de la figure 1 [Venturini, 1997].

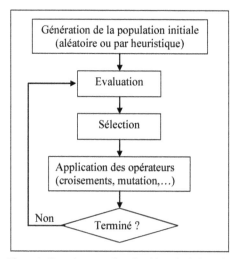

Figure 1 : Organigramme d'un algorithme évolutionnaire

Les algorithmes évolutionnistes, dont le modèle le plus connu est les algorithmes génétiques, sont relativement anciens [Goldberg, 1989a]; ils ont été diffusés et appliqués dans de très nombreux domaines notamment dans le domaine des sciences de l'ingénieur [Back 1993, Deb 2001].

2.2 Les Algorithmes Génétiques

2.2.1 Définitions et origine

Les AG ont déjà une histoire relativement ancienne [Holland, 1975]. Le vocabulaire employé dans cette thèse est repris de celui de la théorie de l'évolution et de la génétique. Nous parlerons donc des individus (solutions potentielles), des populations, des gènes (variables), des chromosomes, des parents, des descendants, de reproduction, de croisement et de mutation. Holland a défini un organisme - l'individu - qui comprend plusieurs chromosomes eux-mêmes composés de gènes (morceaux continus d'ADN). Ces organismes composent la population que va faire évoluer l'AG à l'aide de trois opérateurs : croisement, mutation, sélection. Il doit être également possible d'évaluer un individu sur la base de ses performances sur un problème donné. Cette évaluation doit permettre de mettre en oeuvre une pression sélective efficace sur la population afin de la faire tendre vers un optimum.

Un AG se définit alors premièrement par le codage employé afin de caractériser les individus étudiés. Ce codage établit une convention qui va permettre de décrire chaque solution possible sous la forme d'une suite de caractères. Il est très important de prendre soin de la définition de ce codage car il conditionne fortement la complexité finale de la méthode. La population initiale constitue un deuxième paramètre. Holland préconise une initialisation aléatoire et uniforme mais il est possible d'adopter une heuristique dépendante du problème traité et permettant de faire

22

converger plus rapidement l'AG vers une bonne solution. Enfin, il faut définir précisément une fonction d'évaluation – ou fonction de fitness - qui pour chaque solution possible donnera une valeur reflétant sa qualité pour résoudre le problème posé ainsi que des opérateurs permettant de diversifier la population au cours des générations et d'explorer l'espace de recherche. L'opérateur de croisement recompose les gènes d'individus existant dans la population. L'opérateur de mutation a pour but de garantir l'exploration de l'espace de recherche.

Cet algorithme se veut valide pour tout domaine étudié tant qu'il est possible de modéliser les individus de la population par un codage binaire. Cependant, le codage binaire n'est pas toujours bien adapté à la résolution de problèmes par un AG notamment lorsqu'on traite des espaces de recherche assez grands [Whitley, 1989]. C'est pour cette raison que les représentations utilisées ont été généralisées aux espaces continus, à des structures arborescentes permettant par exemple de coder des représentations de fonctions pour des problèmes de codage des fonctions mathématiques ou à des individus structurés [Davis, 1991, Koza, 1992b]. On distingue également deux grandes familles de codage : le codage direct pour lequel un individu représente directement une solution au problème posé et le codage indirect pour lequel un individu exprime une manière de construire une solution au problème. Ce dernier codage peut être utilisé de manière préférentielle car il correspond mieux à la réalité de la nature où les gènes déterminent le phénotype de l'individu qui va permettre à cet individu de dominer dans son environnement. Il permet d'introduire des heuristiques du domaine traité. Un algorithme génétique se base sur une procédure itérative durant laquelle un ensemble de générations (ou populations) sont créées, une par itération. L'entière population évolue simultanément de façon à ce que la probabilité de convergence vers un minimum local est réduite. Un AG manipule des chaînes de symboles. Chaque chaîne représente une solution potentielle complète à un problème donné. De façon métaphorique, une chaîne est assimilée à un chromosome, la valeur d'un symbole à un allèle et l'ensemble des chaînes manipulées à une population. Le plus souvent la population est de taille constante, les chromosomes sont de longueur fixe et l'alphabet des symboles est binaire. D'autres représentations sont également utilisées : structure arborescente, taille de chromosome variable, ou encore codage basé sur les nombres réels. Un des problèmes cruciaux pour appliquer un AG réside dans le codage des solutions sous la forme d'une chaîne de symboles. On peut établir un parallèle entre cette correspondance et le processus de morphogenèse qui produit un phénotype à partir du génotype. Les chromosomes sont soumis à un processus directement inspiré par l'évolution. L'algorithme de base est à la fois simple et général, il implante une boucle évolutionniste dans laquelle chaque itération correspond à une génération. Le plus souvent, la population initiale est engendrée de façon aléatoire mais il peut être judicieux de la biaiser dès lors que l'on dispose d'informations à priori sur la qualité de certaines solutions. Afin d'améliorer, de génération en génération, les performances de la population, une pression sélective est exercée sur les solutions. La sélection est basée sur une valeur d'adaptation, dite valeur de fitness, associée à chaque chromosome via son expression phénotypique. Exploiter les connaissances disponibles en sélectionnant les « meilleurs » chromosomes de la population n'est pas suffisant car la sélection seule conduirait à terme à ne conserver que les meilleures solutions déjà disponibles dans la population initiale. Il faut donc disposer de mécanismes, mutation ou croisement qui, en introduisant de la diversité, permettent d'explorer l'espace de recherche. L'opérateur de croisement est essentiel dans la dynamique d'un AG; il consiste à recombiner deux chromosomes (par exemple les chaînes binaires 00111 et 11000) pour donner deux «descendants» (00000 et 11111). Le croisement permet l'échange d'information entre solutions tout en laissant globalement invariant le « matériel génétique » disponible dans la population. L'opérateur de mutation modifie la valeur allélique sur un locus particulier d'un chromosome; il joue un rôle de moindre importance. La mutation garantit la présence de l'ensemble des allèles sur chaque locus dans la population. Contrairement aux autres heuristiques de recherche non-déterministes, un AG explore en parallèle plusieurs chemins vers des solutions optimales. Bien que l'on ne puisse pas garantir l'obtention d'une solution optimale, ceci permet d'éviter une convergence vers une solution sous-optimale. Ils existent de nombreuses variantes du schéma général décrit ci-dessus ; elles concernent la méthode de sélection, le choix des opérateurs, ou encore les techniques de remplacement. Un des intérêts de l'approche évolutionnaire est que l'on dispose d'un algorithme générique facile à implanter. Pour l'instancier sur un nouveau problème, il suffit de coder les solutions potentielles sous une forme manipulable par l'AG, puis de définir une fonction de fitness. Cependant ces choix requièrent une certaine expérience et sont souvent décisifs quant aux performances. En revanche, le réglage des paramètres, tels que la taille de la population ou la probabilité d'application des opérateurs génétiques, a une influence mesurée sur les performances. Bien que le champ de recherche des AG soit encore jeune et en plein développement, ces méthodes sont, d'ores et déjà, appliquées dans de nombreux domaines pour résoudre des problèmes d'optimisation ou bien concevoir des systèmes dotés de capacités d'apprentissage. Dans les applications industrielles, on utilise le plus souvent des méthodes hybrides qui combinent AG et heuristiques de recherche locale. De plus, une bonne connaissance du problème à traiter, permet d'améliorer notablement les performances en utilisant cette expertise pour déterminer le codage, la fonction de fitness, ou encore concevoir des opérateurs spécifiques.

2.2.2 Opérateurs génétiques

Le premier pas dans l'implantation des algorithmes génétiques est de créer une population d'individus initiaux. Par analogie avec la biologie, chaque individu de la population est codé par un chromosome ou un génotype [Holland, 1975]. La population initiale est générée d'une manière aléatoire (ou en utilisant une heuristique déterministe). Cependant, il est très recommandé de disposer d'un mécanisme permettant de générer une population non homogène qui servira de base pour les générations futures. Ce choix conditionne la rapidité de la convergence vers l'optimum. Cela dit, dans le cas où l'on ne connaît rien du problème à résoudre. Il est essentiel que la population initiale soit répartie sur l'espace de recherche. Comme nous avons vu précédemment, il existe principalement trois types d'opérateurs agissant sur une population donnée afin de générer sa descendance. L'opérateur de sélection, l'opérateur de mutation et l'opérateur de croisement.

2.2.2.1 Opérateur de sélection

Une fois l'évaluation d'une génération de la population d'individu réalisée, on opère une sélection à partir de la fonction de fitness. Cette sélection a pour but de déterminer le potentiel de reproduction des chromosomes de chaque individu. Les éléments passant cette épreuve sont ainsi sélectionnés pour engendrer la génération suivante. Plusieurs techniques de sélection ont vu le jour dans la littérature [Michalewicz, 1996]. La méthode la plus couramment utilisée est certainement celle de la roue de Monte Carlo dans laquelle chaque individu voit sa probabilité de sélection proportionnelle à sa fitness - valeur obtenue par la fonction de fitness.

Cette solution a l'inconvénient d'accélérer plus qu'il ne le faut la convergence de l'AG et de le limiter à une certaine portion de l'espace des solutions. La pression de sélection est trop forte ou trop uniforme. Il est en effet nécessaire de maintenir une diversité génétique suffisante dans la population afin de constituer un réservoir de gènes pouvant être utiles par la suite. Une sélection trop élitiste peut éliminer certains gènes qui, une fois combinés avec d'autres, peuvent se révéler intéressants. La sélection par rang est aussi très utilisée [Whitley, 1989], elle consiste à ordonner les individus dans un ordre décroissant de leur fitness et à leur associer une probabilité de sélection dépendant uniquement de leur rang. Une solution de sélection alternative intéressante est la sélection par tournoi. Elle consiste à choisir aléatoirement k individus dans la population et à les confronter entre eux - grâce à la fonction d'évaluation - afin de ne garder que le meilleur. Cette opération est renouvelée autant de fois que nécessaire afin d'obtenir le nombre d'individus désiré. Il est tout à fait possible que certains individus participent à plusieurs tournois. S'ils gagnent plusieurs fois, ils seront sélectionnés plusieurs fois, ce qui favorisera la pérennité de leurs gènes. Cette méthode permet une plus grande conservation de la diversité des gènes dans la population - tant que k ne s'approche pas trop de la taille de la population - tout en favorisant les individus de plus forte fitness.

La sélection multicritère est une méthode de sélection qui permet également de réaliser une optimisation multicritères. Le problème posé consiste à sélectionner les individus mais en tenant compte de plusieurs critères au lieu d'un seul. On considère que la technique basique consistant à réunir tous les critères sous la forme d'une somme pondérée ne répond pas correctement à ce problème. Il faut donc adapter les opérateurs de sélection. Une première méthode [Todd, 1997] consiste à sélectionner tour à tour les individus sur chacun des critères. Mais il est encore plus efficace d'utiliser la notion de Pareto-optimalité [Chelouah, 2000] qui permet d'établir une relation de dominance entre les individus portant sur plusieurs critères. Dans un tournoi binaire, où deux individus se confrontent, l'individu finalement sélectionné sera celui qui domine l'autre au sens de pareto. L'ordre induit par l'optimalité selon Pareto étant partiel. Il arrive qu'il soit impossible de décider si un individu domine l'autre. Dans ce cas, il faut utiliser des techniques plus avancées [Zitzler, 2001, Deb, 2001]. On peut choisir par exemple de ne sélectionner que les individus non-dominés. Cependant, s'il est nécessaire de fixer un ordre sur les individus, alors plusieurs approches sont possibles. Par exemple, on peut utiliser une dominance de rang pour laquelle on prend en compte le nombre d'individus dominant un individu. D'autres approches utilisent la profondeur de dominance, dans ce cas la population est divisée en plusieurs fronts, chacun correspondant à l'ensemble des individus n'étant dominé par aucun autre. Enfin une autre technique consiste à utiliser le nombre d'individus dominés par un certain individu. Les individus non dominés peuvent alors être ordonnés entre eux. Nous verrons au chapitre 3 que nous introduisons une heuristique spécifique à notre problème pour gérer la sélection multicritère, heuristique qui aura l'avantage de laisser l'utilisateur fixer l'importance des différents critères. Il s'agira de donner des poids à chacun des critères et d'utiliser ces poids en cas de non dominance entre deux individus.

2.2.2.2 Opérateur de croisement

Le phénomène de croisement est une propriété naturelle de l'ADN. C'est par analogie qu'ont été conçus les opérateurs de croisement dans les AG. Cette famille d'opérateurs a pour but de répartir aléatoirement les individus sélectionnés en couples afin d'engendrer une nouvelle génération. Cette génération est obtenue en copiant et recombinant les deux chromosomes parents de manière à générer deux chromosomes enfants possédant des caractéristiques issues des deux parents. L'opérateur de croisement favorise l'exploitation de l'espace de recherche en examinant de nouvelles solutions à partir de deux solutions actuelles. En effet, cet opérateur assure le brassage du matériel génétique de la population et l'accumulation des gènes favorables en les multipliant. Ce brassage permet alors de créer de nouvelles combinaisons de gènes qui peuvent se révéler potentiellement favorables. Le croisement à un point est l'opérateur de croisement historique des AG. Il consiste à choisir au hasard un point de croisement pour chaque couple d'individus sélectionné. Ce point divise le génome en deux sous-chaînes. On échange ensuite les deux sous-chaînes terminales de chacun des deux chromosomes, ce qui produit deux enfants. La figure 2 illustre ce fonctionnement.

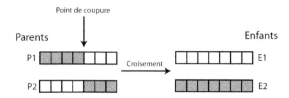

Figure 2 : Opérateur de croisement à 1 point

Cependant, le croisement à un point ne se révèle réellement efficace que dans un nombre limité de cas. De meilleurs résultats sont obtenus en étendant ce principe en utilisant plusieurs points de coupures de chromosomes [Spears, 1991]. Cette opération peut même être généralisée jusqu'au cas limite correspondant à un croisement uniforme [Syswerda, 1989]. Dans ce cas, chaque gène des deux individus parents est échangé avec une probabilité donnée. Ce modèle peut même être généralisé avec des algorithmes comme PBIL qui utilise un vecteur de probabilités pour générer chaque individu [Baluja, 1994].

2.2.2.3   Opérateur de mutation

L'opérateur de mutation consiste à modifier un gène sélectionné dans un chromosome et à le remplacer par une valeur aléatoire. La probabilité de mutation d'un gène est généralement très faible dans un environnement stable afin de favoriser la capitalisation des gènes favorables tout en permettant d'élargir l'espace des solutions évaluées. Cependant, dans un environnement dynamique subissant une évolution rapide, il peut être judicieux d'employer un taux de mutation relativement élevé permettant une adaptation rapide de la population. Le taux de mutation est ainsi à adapter en fonction de l'application et du type de mutation employé. L'opérateur de mutation apporte aux AG la propriété d'ergodicité de parcours de l'espace [Fogel, 1966]. Cette propriété indique que l'AG est capable d'atteindre tous les points de l'espace des solutions, sans pour autant avoir la nécessité d'énumérer l'ensemble de points de l'espace. D'un point de vue théorique, les propriétés de convergence des AG sont fortement dépendantes de cet opérateur. Il garantit ainsi que l'optimum global peut être atteint.

Les AG se prêtent facilement à la parallélisation du fait de leur conception. Nous allons aborder dans la section suivante les différentes méthodes de parallélisation des AG présentes dans la littérature. A ce sujet, on peut consulter deux états de l'art des techniques existantes de parallélisation dans les méta-heuristiques dont nous relatons l'essentiel dans la suite de ce chapitre [Crainic, 1998, Crainic, 2003]. Nous utiliserons la parallélisation dans les méta-heuristiques de recherche d'information que nous avons étudiées afin d'accélérer grandement le temps nécessaire à leur exécution.

2.2.2.4   Etape de Renouvellement

Plusieurs politiques de renouvellement de la population sont possibles, la politique élitiste est souvent pratiquée. Il s'agit de remplacer les individus de la population courante par ceux de la nouvelle génération qui sont meilleurs qu'eux. Ce processus d'évolution continue jusqu'à ce qu'une condition d'arrêt spécifiée par l'utilisateur soit atteinte. Par exemple, si le temps de résolution est critique pour l'utilisateur, il peut fixer un majorant au temps de calcul de l'algorithme et prendre comme solution la meilleure solution trouvée par l'algorithme au bout de ce temps. Si l'utilisateur veut un niveau de résultat minimum pour la solution, il peut arrêter l'algorithme dès que ce niveau est atteint (ou dépassé) par la meilleure solution courante de l'algorithme (par exemple : dans le cas du voyageur de commerce, si le voyageur de commerce ne doit pas faire plus de cent kilomètres, on peut arrêter l'algorithme dès qu'il a trouvé un chemin de longueur inférieure à cent kilomètres).

2.3 Conclusion

Dans ce chapitre, nous avons établi les fondations nécessaires à la compréhension des algorithmes génétiques. Nous avons exposé en détail les différentes étapes qui constituent la structure générale d'un algorithme génétique : Codage, méthode de sélection, opération de croisement et de mutation, méthode d'insertion et le test d'arrêt. Pour chacune de ces étapes, il existe plusieurs possibilités. Le choix entre ces différentes possibilités nous permet de créer plusieurs variantes de l'algorithme génétique. Notre travail par la suite s'intègre dans l'utilisation de cette classe d'algorithme dans la régénération des suites binaires cryptographiquement sûres.

Le chapitre suivant présent l'algorithme R.A NMJ, qui est un régénérateur de suite binaire cryptographiquement sûre, l'idée fondamentale de cette approche est d'exploiter la complexité des systèmes évolutifs, en se basant sur des nouvelles fonctions dissipatives. Le premier obstacle a été de faire correspondre une population initiale à un mot de passe quelconque, tout en gardant un effet d'avalanche élevé, tâche qui a imposé l'introduction d'une classe de fonctions à trois états que nous nommons observateur. Ce dernier permet des transformées binaires non injectives qui font correspondre à une suite binaire une autre, la suite d'arrivée est une projection irréversible du suite de départ. Cette transformée est utilisée pour créer la population initiale, lors de l'accouplement et lors de la contribution des individus.

CHAPITRE 3 :

DESCRIPTION DE L'ALGORITHME R.A NMJ

3.1   Introduction et Définitions
3.1.1   Forme détaillée de l'individu

3.2   Description de l'algorithme R.A NMJ

3.3   Description détaillée de l'algorithme R.A NMJ
3.3.1   Processus I
    3.3.1.a   La régénération du Bloc Data des individus de la population initiale
    3.3.1.b   La régénération du Bloc Control d'un individu de la population initiale
3.3.2   Processus II
    3.3.2.a   Fonction d'ordre
    3.3.2.b   Fonction d'accouplement I
3.3.3   Processus III
    3.3.3.a   La fonction d'ordre
    3.3.3.b   Fonction d'accouplement II
    3.3.3.c   Fonction de contribution

3.4   Quelques caractéristiques du R.A NMJ

3.5   Conclusion

3.1 Introduction et Définitions

Dans ce chapitre, on décrit l'algorithme R.A NMJ [Sabour, 2006b, 2006d, 2007a], basé sur les algorithmes évolutionnistes en l'occurrence les algorithmes génétiques. Le R.A NMJ est un algorithme qui simule l'évolution, à travers des fonctions dissipatives, d'une population d'individus crée à partir du mot de passe. Chaque individu évolue, dès sa création, d'une façon dynamique engendrant ainsi un comportement chaotique. L'algorithme R.A NMJ créera, lors du processus I, la population initiale à partir du mot de passe, qui va évoluer lors du processus II. Le processus III, itératif, régénérera à chaque itération une suite binaire où tous les individus de la population contribueront et qui sera X-orée au message clair, engendrant ainsi le cryptogramme. Le destinataire, muni d'un générateur identique, déchiffre le message reçu en lui appliquant la même opération. L'étude des systèmes complexes, c'est-à-dire des systèmes composés d'un grand nombre de constituants en interactions non-linéaires, montre que leur comportement possède des caractéristiques spécifiques non triviales. La compréhension de ces systèmes implique le recours à des méthodes de modélisation et de simulation pour prédire leur comportement. Un des aspects les plus frappants de ces systèmes est l'émergence de propriétés globales qui ne peuvent pas être directement déduites de l'analyse des comportements locaux des composants individuels. La mise en évidence de propriétés spécifiques de ces systèmes a amené les chercheurs à tenter d'analyser et de reproduire des phénomènes aussi complexes que la vie ou les capacités cognitives comme propriétés émergentes de systèmes complexes artificiels construits à cet effet. Langton [Langton, 1990], un des fondateurs de la vie artificielle, a décrit cette discipline comme la reproduction des phénomènes biologiques au sein des ordinateurs et d'autres médias artificiels. Holland [Holland, 1975], l'inventeur des algorithmes génétiques, a proposé un formalisme, les systèmes de classeurs, dans le but de créer un système complexe dont l'évolution conduirait à l'émergence progressive de capacités cognitives de plus en plus évoluées. L'idée de base consiste à simuler la dynamique d'un système adaptatif construit de telle manière que les différentes étapes de son évolution font émerger des niveaux d'organisation hiérarchisés. Les algorithmes évolutionnistes sont généralement utilisés dans le but d'obtenir des solutions approchées, en un temps correct, à des problèmes d'optimisation difficile, pour lesquels on ne connaît pas de méthodes classiques plus efficaces. Cependant, l'algorithme R.A NMJ n'a rien à avoir avec ces problèmes d'optimisations, puisque il n'a aucune fonction à optimiser (pas de fonction statique d'évaluation des individus), ce qui fait que tous les individus ont la même fitness. Ce qui a imposé la définition d'une méthode de sélection sans fitness que nous appelons fonction d'ordre, qui a pour rôle la production d'une nouvelle distribution des individus de la population. Dans cette approche, l'individu est composé de deux blocs : Bloc Data et Bloc Control. La reproduction des Bloc Data des individus de la population se fait à travers deux fonctions d'accouplement I et II, la première est utilisé lors du processus II permet, à chaque itération, de doubler la taille des Bloc Data de tous les individus, la fonction d'accouplement II opère, lors du processus III, sur moins de 5% des individus de la population sans modifier la taille des Bloc Data. L'idée fondamentale de cette approche est d'exploiter la complexité des systèmes évolutifs, en définissant de nouvelles fonctions dissipatives. Le premier obstacle est de correspondre une population initiale à un mot de passe quelconque, tout en gardant un effet d'avalanche élevé, tâche qui a imposé l'introduction d'une classe de fonctions à trois états que nous nommons observateur. Ce dernier permet des transformées binaires non injectives (Lemme 4.2) qui font correspondre à une suite binaire une autre, la suite d'arrivée est une projection irréversible du suite de départ. Cette transformée est utilisée pour créer la population initiale, lors de l'accouplement et lors de la contribution des individus.

3.1.1 Forme détaillée de l'individu

Un individu est composé de deux blocs : Bloc Data et Bloc Control. Le Bloc Control est composé de quatre sous blocs :

1. **Sous bloc d'accouplement (Ss Acc)** : Sa valeur indique les valeurs des paramètres X_1, Y_1, X_2, Y_2, $SigX_2$, SsX, BI et BC, utilisés par la fonction d'accouplement, et dont les domaines de définition sont : $D_{X1} = D_{X2} = |1:4|$; $D_{Y1} = D_{Y2} = |1:4|$; $D_{SigX2} = |0:1|$; $D_{SsX} = |0:1|$; $D_{BI} = |0:1|$ bit étalement et $D_{BC} = |0:1|$ bit calibrage.

2. **Sous bloc de priorité (Ss Prio)** : Sa valeur permet de définir une priorité entre les individus lors de la fonction d'ordre ou la fonction d'accouplement. Cette valeur change après chaque compétition permettant ainsi un comportement dynamique aux individus.

3. **Sous bloc de contribution (Ss Contri)** : Ce sous bloc détermine les valeurs des paramètres X, Y, Z, T et le sens de parcours du Bloc Data de l'individu I en question (Ss), utilisés par la fonction de contribution et dont les valeurs permises sont :

$$D_X = |5:8|, D_Y = |1:4|, D_Z = |5:8|, D_T = |1:4| \text{ et } D_{Ss} = |0:1|;$$

4. **Sous bloc d'age (Ss Age)** : Codé sur 4 octets, énumère le nombre d'itérations du processus III que l'individu a effectué sans que son Bloc Data change, cette valeur intervient lors de l'accouplement puisque c'est l'individu le plus âgé qui sera reproduit. Lors du processus III le passage de la population courante à la population suivante est une génération.

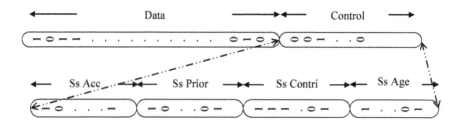

Figure 3 : Structure interne de l'individu

Remarques

- $D_x = |5:8|$ implique que la variable X peut avoir comme valeur soit 5, 6, 7 ou 8 et ceci en fonction de l'état de l'individu par rapport à la population.

Comme il a été déjà mentionné le Bloc Control est la partie responsable du comportement de chaque l'individu. Si le Bloc Data est régénéré :

  - à l'aide d'un observateur au processus I,
  - par contribution entre individus au processus II,
  - et par compétition et mutation au processus III.

La détermination du Bloc Control suit le principe suivant :

- processus I : après avoir déterminé le Bloc Data de l'individu, on lit les K (le nombre de bits nécessaire pour adresser le Bloc data) premier bits du Bloc Data et on pointe sur la valeur lue, puis on détermine notre Bloc Control.
- Processus II et III : comme il a été déjà signalé l'objectif de l'approche est de stimuler un comportement non contrôlé 'pseudo aléatoire ou aléatoire', ce que les algorithmes génétiques permettent de faire, pour augmenter cet effet on affectera a chaque individu un comportement aléatoire en recalculant après chaque interaction le Bloc Control des individus impliqués.

3.2 Description de l'algorithme R.A NMJ

Le principe de l'algorithme R.A NMJ est décrit par le schéma suivant :

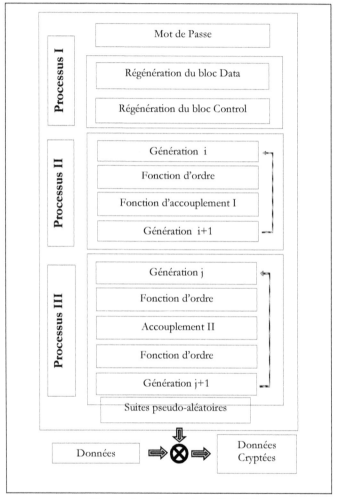

Figure 4 : Synoptique général du R.A NMJ

3.3   Description détaillée de l'algorithme R.A NMJ

L'algorithme R.A NMJ est composé de trois processus. Le premier processus a pour objectif de créer, à partir d'un mot de passe, la population initiale qui doit évoluer au niveau de processus II, le processus III permettra la régénération des suites binaire cryptographiquement sûre qui seront X-orées aux messages à chiffrer ou à déchiffrer.

3.3.1   Processus I

L'objectif de ce processus est la régénération des individus de la population initiale à partir d'un mot de passe donné. Ce processus se fait en deux étapes :

1- Régénération des Bloc Data des individus.
2- Régénération des Bloc Control des individus.

3.3.1.a   La régénération du Bloc Data des individus de la population initiale

La régénération des Bloc Data des individus d'une population initiale associée à un mot de passe donné se fait en appliquant la fonction d'observateur sur ce dernier. Pour traiter des mots de passe longs, on ajoute à ses observateurs la fonction qu'on note par Pos qui leur permet de pointer différemment sur le mot de passe et le sens de parcours qu'on note (Sm), qui leurs permet de parcourir le mot de passe dans un sens donné, soit par exemple 1 : désigne le sens direct et 0 : le sens inverse. Ainsi on peut traiter des mots de passe de plus de cent caractères. Ce qui permet de redéfinir l'observateur G sous la forme suivante :

$G = \left[X, Y, Z, T, Sm, Pos(k) \right]$ Où:

X : le nombre de α dans $Sp(G)$.

Y : le nombre de β dans $Sp(G)$ entre α et λ.

Z : le nombre de λ dans $Sp(G)$.

T : le nombre de β dans $Sp(G)$ après λ.

Sm : désigne le sens du parcours du mot de passe.

$Pos(k)$: désigne l'indice du bit de départ du traitement au $k^{\text{ème}}$ individu. Elle prend des valeurs de $|0 : L(PW) - 1|$, initialisé à 0. Et qu'on définit de la manière suivante:

$$\begin{cases} Pos(0) = 0 \ si \ \text{k=0} \\ Pos(k+1) = \left(Pos(k) + \left(L(PW) * 17 \right) \bmod \left(X * Y + Z * T \right) \right) \bmod L(PW) \ \text{Pour tout k} \geq 1 \end{cases}$$

Proposition 3.1

Le nombre d'individus d'une population initiale associée à une classe de fonction est : $2 * \#D_X * \#D_Y * \#D_Z * \#D_T$

Démonstration

On désigne par Id l'ensemble des observateur associées à une classe définie par : D_X, D_Y, D_Z et D_T, et

$$f : \ Id \rightarrow D_X \times D_Y \times D_Z \times D_T$$
$$G \mapsto (x, y, z, t)$$

On vérifie que f est bijective, donc :

$$\#Id = \#\left(D_X \times D_Y \times D_Z \times D_T \right) = \#D_X * \#D_Y * \#D_Z * \#D_T$$

et puisque cette version parcourt à chaque état le mot de passe dans les deux sens, ceci implique une multiplication par deux de la taille de la population ce qui donnera :

$$\#Id = 2 * \#D_X * \#D_Y * \#D_Z * \#D_T$$

Exemple

Les plages de valeurs, notées D_i, que peut prendre X, Y, Z, et T sont variables et c'est aux concepteurs de choisir leurs valeurs adéquates. La version originale du R.A NMJ utilise une classe de fonctions à trois états définie par : $D_X = |2:7|$, $D_Y = |1:6|$, $D_Z = |2:7|$, $D_T = |1:5|$ Avec 16 caractères comme taille de Bloc Data des individus. Le choix précédent régénérera une population de **2160** individus.

3.3.1.b La régénération du Bloc Control d'un individu de la population initiale

Le Bloc Control d'un individu est déterminé à partir de son Bloc Data, en commençant la lecture à partir du premier octet. Pour garantir un comportement dynamique aux individus, on recalcule la valeur du Bloc Control, sauf le sous bloc d'âge qui s'incrémente à chaque fois que l'individu fait une contribution et qui est mit à 0 chaque fois que l'individu redéfini son Bloc Data. Après chaque compétition on détermine l'octet à pointer à partir de l'état actuel pour déterminer le nouveau Bloc Control.

3.3.2 Processus II

Ce processus fait évoluer la population d'individus créée lors du processus I. Ce processus est itératif et permet d'obtenir, après k itérations, une population plus puissante (distribution idéale pour les états possibles), en se basant sur deux fonctions (fonction d'ordre et fonction d'accouplement).

3.3.2.a Fonction d'ordre

Le mécanisme de cette fonction est le suivant :
On considère une population I_1, I_2, ... I_N de N individus classés dans cet ordre; et on compare, le bloc de priorité de I_1 et celui de I_2. Le gagnant (l'individu le plus prioritaire sinon le premier) impose le sens de déplacement et le nombre de pas sur le perdant qui va prendre la nouvelle position libérée après décalage des individus intermédiaires. Et pour rendre flou l'état courant de la population, on redéfinit le Bloc Control de deux individus en compétition. Puis on passe au couple suivant. Ceci se poursuit $N/2$ fois du fait que la population contient N individus.

3.3.2.b Fonction d'accouplement I

La fonction d'accouplement I permet, à chaque itération du processus II, de doubler la taille du Bloc Data de tous les individus de la population. Chaque individu possède dans son Bloc Control un sous bloc d'accouplement qui permet de déterminer la façon de faire l'accouplement : chacun des deux individus contribue à l'évolution de son conjoint en lui appliquant sa fonction d'accouplement, et en acceptant la transformation imposée par l'autre. À cette étape de leur évolution, le calibrage de la contribution des deux individus est primordial en recalculant les valeurs de **X1**, **Y1**, **X2** et **Y2** de la façon suivante :

1. Tp = X1+Y1+X2+Y2
2. X1= min (X1, X2)
3. Y1= min (Y1, Y2)
4. X2= Tp/2 – X1
5. Y2= Tp/2 – Y1

Appliquons cette règle sur les opérateurs suivants :

1. $[3,4,5,8] \rightarrow [3,4,7,6]$
2. $[4,5,2,4] \rightarrow [2,4,5,3]$
3. $[2,3,4,5] \rightarrow [2,3,5,4]$

34

Ces valeurs seront les nouveaux paramètres de la fonction d'accouplement. La fonction d'accouplement, permet de multiplier par deux la taille des Bloc Data, à chaque itération du processus II (le nombre d'itérations est fixé par le concepteur).

3.3.3 Processus III
Les deux premiers processus avaient pour mission le choix de N_2 ($N_2 = 2160$) individus ayant des Bloc Data de T_2 bits ($T_2 = 1024$ bits). Autrement dit, il s'agit de choisir N_2 individus parmi 2^{T_2} ($2^{1024} = 1,79\ 10^{308}$) sachant que les deux processus I et II ont permis :
- Un élargissement du spectre des Bloc Data des individus de la population.
- Un taux de non corrélation acceptable entre les individus.

Le véritable défi que le processus III doit relever, à partir d'une population donnée, est de :
- Régénérer une suite binaire tout en rendant flou la contribution de chaque individu d'une génération donnée, ce qui rend flou la contribution d'une génération donnée et ceci lors de la fonction de contribution.
- Conserver la non corrélation des individus constituant les populations qui se succèdent en faisant appel à la fonction d'accouplement II.
- régénérer une suite binaires cryptographiquement sûre.

3.3.3.a La fonction d'ordre
Identique à celle du processus II, son rôle est de produire une nouvelle distribution des individus de la population après chaque fonction d'accouplement ou de contribution.

3.3.3.b Fonction d'accouplement II
La fonction d'accouplement II fait évoluer, à chaque itération du processus III, les Bloc Data de quelques individus sans modifier leur taille et en respectant les règles suivantes :

> **R1** : *Deux individus en compétition, le plus jeune gagne toujours.*
>
> **R2** : *Si deux individus en compétition ont le même âge, on applique les mêmes règles comme dans le cas de la fonction d'ordre.*
>
> **R3** : *L'âge d'un individu est codé sur **4** octets. Lors d'une fonction d'accouplement, le perdant initialise son âge à 0.*
>
> **R4** : *l'age de l'individu s'incrémente de **1** lors de chaque contribution à la suite binaire.*

Remarque
La règle **R1** favorise l'individu le moins âgé lors de la fonction d'accouplement II, ainsi la population évolue rapidement tout en renouvelant les individus les plus âgés. Dans le cas où les deux individus en compétition ont le même âge (le même nombre d'itération du processus III sans redéfinition du Bloc Data de l'individu), en appliquant **R2**, le choix de l'individu perdant (son nouveau Bloc Data sera régénéré par la fonction d'accouplement II) se déterminera à l'aide de la fonction d'ordre qui se réfère au sous bloc de priorité (Ss Prio) des individus en compétition. La règle **R3** se justifie par le fait que la fonction d'accouplement recalcule le Bloc Data de l'individu perdant et afin de permettre la suppression des individus les plus âgé on se réfère aux nombres de fois où ils contribuent pour déterminer leurs âges. Les règles **R1, R2, R3** et **R4** permettent de rendre plus compliqué la fonction d'accouplement présentée au processus II. Pour l'opération d'accouplement la fonction reste la même.

3.3.3.c Fonction de contribution

Arrivés à ce point tous les individus de la population vont contribuer, dans le nouveau ordre fixé par la fonction d'ordre, un à un, en se référant à leur sous bloc de contribution qui leur permet de déterminer les paramètres de la fonction de contribution, fonction qui fait appel à la notion d'observateur pour remédier au problème de la taille fixe des individus (le nombre et la taille des individus sont finis, et pour rendre son utilité ces deux informations font appel à l'observateur).

Définition et Proposition

La fonction $f : \Omega \rightarrow \mathbf{R}^+$ définie par $f(G) := f(X,Y,Z,T) = \dfrac{X+Z}{X+Z+Y+T}$, avec $G = [X,Y,Z,T]$, caractérise le taux de contribution de G. Alors on a

$$\frac{X_m+Y_m}{X_m+Y_m+Z_M+T_M} \leq f(X,Y,Z,T) \leq \frac{X_M+Y_M}{X_M+Y_M+Z_m+T_m}$$ pour tout $X \in D_X$, $Y \in D_Y$, $Z \in D_Z$ et $T \in D_T$.

Démonstration

On pose $p = X+Z$ et $q = Y+T$ donc $q_i = Z_i+T_i$, $p_i = X_i+Y_i$ et $i \in \{m,M\}$ et

$$f(X,Y,Z,T) = \frac{p}{p+q} = f_q(p) = f_p(q).$$

Montrons que $\forall q$ on a : $f_q(p_m) \leq f_q(p) = \dfrac{p}{p+q} \leq f_q(p_M)$.

Comme $(|p_m : p_M| \subset [p_m, p_M])$, alors pour tout $p \in [p_m, p_M]$, on a :

$f_q'(p) = \dfrac{(p+q)-p}{(p+q)^2} = \dfrac{q}{(p+q)^2} > 0$, donc la fonction f_q est croissante, ce qui implique

$f_q(p_m) \leq f_q(p) \leq f_q(p_M)$ pour tout $p \in [p_m, p_M]$ par suite $\dfrac{p_m}{p_m+q} \leq f(p,q) \leq \dfrac{p_M}{p_M+q}$.

Or on a :

$$\begin{cases} p_m+q_m \leq p_m+q \leq p_m+q_M. \\ p_M+q_m \leq p_M+q \leq p_M+q_M. \end{cases}$$

Donc

$$\begin{cases} \dfrac{1}{p_m+q_M} \leq \dfrac{1}{p_m+q} \Rightarrow \dfrac{p_m}{p_m+q_M} \leq f(p,q). \\ \dfrac{1}{p_M+q} \leq \dfrac{1}{p_M+q_m} \Rightarrow f(p,q) \leq \dfrac{p_M}{p_M+q_m}. \end{cases}$$

Ce qui donne

$$\frac{p_m}{p_m+q_M} \leq f(p,q) \leq \frac{p_M}{p_M+q_m}.$$

Par conséquent

$$\frac{X_m+Y_m}{X_m+Y_m+Z_M+T_M} \leq f_c(X,Y,Z,T) \leq \frac{X_M+Y_M}{X_M+Y_M+Z_m+T_m}.$$

Exemple

Soit l'opérateur suivant : $G = [X,Y,Z,T,Ss,Posi]$
Domaines de définition :
$D_X = D_Z = |5:8|$; $D_Y = D_T = |1:4|$

Ss : sens de parcours du Bloc Data de l'individu.

Posi : désigne l'indice du bit de départ déterminé à partir du sous bloc de Priorité.

On a $4*4*4*2*2^{L(\text{Data})} = 512*2^{L(\text{Data})}$ façons de contribution d'un individu dans l'élaboration du masque $(L(\text{Data}) \geq 1024)$, avec environ 60 tailles différentes presque équiprobables. La taille avec laquelle contribue un individu donné varie, dans le cas de cet opérateur, de $((X_m + Z_m)/(X_m + Y_M + Z_m + T_M))*100\% = 55.55\%$ à $((X_M + Z_M)/(X_M + Y_m + Z_M + T_m))*100\% = 88.88\%$ (**Définition et proposition**) d'une façon presque équiprobable. Ce qui permet de rendre flou la contribution de nos individus. Cette équiprobabilité ainsi que les **10%** restant dans le pire des cas cachés, rendent quasi impossible la déduction de la génération en question. On refait ce processus III autant de fois que nécessaire.

3.4 Quelques caractéristiques du R.A NMJ

➤ Seule l'initialisation du R.A NMJ, qui est le mot de passe, est secrète et conditionne entièrement la sortie du régénérateur : elle constitue donc la clé secrète du système de chiffrement et de déchiffrement.

➤ En ce qui concerne la vitesse de ce régénérateur, il est vrai qu'il nécessite un temps d'initialisation, processus I & II, mais ce temps se rattrape rapidement lors du processus III, puisque le nombre d'appel des fonctions d'accouplement diminue sans aucune dégradation de la qualité des suites engendrées. La structure de l'algorithme est adaptée à une implémentation parallèle, ce qui permettra d'attendre des débits plus élevés.

➤ Le R.A NMJ adopte une solution sécuritaire locale, ayant comme seul objectif de faire de l'authentification de chaque individu un nouveau problème.

➤ Même s'il s'agit d'un processus itératif, on ne peut pas parler de bloc, puisque la contribution des individus d'une itération donnée est non uniforme, car chaque individu décide de la démarche à suivre en se référant à son Bloc Control. De plus, la fonction de contribution exploite la notion d'observateur pour augmenter la taille de la contribution des individus tout en faisant de leur authentification un problème. Ce problème se complique puisque la durée de la vie d'un individu dépend de sa position dans chaque génération lors de l'accouplement.

➤ L'objectif est de régénérer des segments quelconques, toute en rendant les liaisons entre ses segments difficile à détecter.

➤ La souplesse de la technique qui laisse le choix, aux concepteurs, du nombre d'individus et des limites des paramètres du Bloc Control. Autrement dit, modifier l'un de ses paramètres régénérera une suite différente, tout en gardant le comportement chaotique du système.

3.5 Conclusion

Notre travail a apporté deux contributions simultanées. La première est l'élargissement de l'espace d'application des algorithmes évolutionnistes ; en effet, leurs applications dans la régénération des suites binaires cryptographiquement sûres sont jusqu'à maintenant très limitées. Cependant, la qualité des suites régénérées justifie leurs utilisations. La seconde contribution et la définition et l'utilisation des fonctions et des classes de fonctions à trois états qui ont permit de définir des nouvelles transformées dissipatives et dont l'étude sera faite au chapitre 4.

CHAPITRE 4 :

ETUDE THEORIQUE DE L'OBSERVATEUR

4.1   Introduction

4.2   Etude des fonctions à trois états
4.2.1.   Fonctions à trois états
4.2.2   Métrique sur l'ensemble des fonctions périodiques à deux ou à trois états de même période.
4.2.3   Métrique sur un ensemble des fonctions à deux ou à trois états pas nécessairement de même période.

4.3   Etude des caractéristiques internes des classes des fonctions à trois états
4.3.1.   La probabilité des états α , β et λ
4.3.2   La distribution des longueurs des Sp
4.3.3   La distribution des distances entre fonctions à trois états.
4.3.3.a   L'approche probabiliste.
4.3.3.b   L'algorithme MDS classique.
4.3.3. b.1   Résultats
4.3.3. b.1.1   Classe CI utilisée dans R.A NMJ
4.3.3. b.1.2   Classe II utilisée dans R.A NMJ

4.4   Etude des caractéristiques de la transformée W
4.4.1   Définitions.
4.4.2   Caractéristiques de la transformé W
4.4.3   L'étude de la complexité de W_G

4.5   Conclusion

4.1   Introduction

Le R.A NMJ est un algorithme évolutionniste qui simule un système dynamique dissipatif avec compensation, fondé sur la notion d'observateur qui est utilisée, lors du processus I, pour créer les Bloc Data des individus de la population initiale à partir d'un mot de passe de taille quelconque. L'étude de la notion d'observateur se fera à travers l'analyse des fonctions et les classes des fonctions à trois états associées. La souplesse offerte par la notion d'observateur a permis la définition des nouvelles fonctions de croisement appelées 'fonction d'accouplement I et II', qui vont permettre l'évolution des individus en doublant la taille de leur Bloc Data lors du processus II et qui interviennent au processus III à deux reprises : la première, lors de la fonction d'accouplement II, permettant la régénération des Bloc Data de N bits à partir de deux Bloc Data de N bits. La deuxième, lors de la fonction de contribution, fonction dans laquelle chaque individu contribuera à la séquence binaire qui sera X-orée au message clair ou crypté.

Les fonctions et les classes de fonctions à trois états ont une importance capitale dans l'étude de la vulnérabilité du l'algorithme R.A NMJ [Sabour, 2006a, 2006e, 2007c]. La définition d'une métrique sur l'ensemble des fonctions à trois états a permis le calcul de matrice de distance associée aux classes des fonctions. Des matrices dont l'analyse (MDS) [Attneave, 1950, Kruskal, 1964] permettra de faire une estimation de la complexité collective de ses classes. Le multidimensional scaling (MDS) [Garey, 1979] est une méthode d'analyse d'une matrice de proximité (similarité ou dissimilarité) établie sur un ensemble fini d'éléments. Le MDS a pour objectif de modéliser les proximités entre les individus de façon à pouvoir les représenter le plus fidèlement possible dans un espace de faible dimension.

Dans ce chapitre, nous étudions les caractéristiques des fonctions à trois états et des classes formées par ses fonctions, utilisées par l'algorithme R.A NMJ lors de la création de la population initiale et lors de la contribution des individus. Dans la première partie on effectuera une étude brute des fonctions à trois états indépendamment de leurs utilisations. La seconde partie présente les résultats de l'estimation de la complexité collective des classes de fonctions à trois états.

4.2 Etude des fonctions à trois états

Les fonctions à trois états jouent un rôle fondamental dans cette approche puisque ce sont elles qui permettent de représenter la notion d'observateur. La définition d'une métrique sur l'ensemble des fonctions périodiques à deux ou à trois états de même période ou non a permis de faire une estimation de la complexité collective associée aux classes de fonctions à trois états.

4.2.1 Fonctions à trois états

Définition 4.1

On appelle fonction à trois états α, β et λ toute fonction de N dans $\{\alpha, \beta, \lambda\}$. Et on appelle fonction à deux états 0 et 1 toute fonction de N dans $\{0,1\}$.

Définition 4.2

A chaque fonction à deux ou à trois états **F**, on associe une unique séquence **f** définie par : f=F(0)F(1)...F(n).... Et s'il existe un entier **k** tel que f=F(0)F(1)...F(k)F(0)F(1)...F(k)..., on dit que F est périodique de période F(0)F(1)...F(k), et si de plus **k** est le plus petit entier, **F(0)F(1)...F(k)** est appelé signal primitif de **f**, qu'on note par $Sp(\mathbf{F})$, par la suite, dans ce cas, **F**(n)=F(n mod $L(Sp(\mathbf{F}))$) pour tout n∈ N. Et si **f** est une séquence finie, on la prolonge à une unique suite infinie périodique dont la longueur de son signal primitif est un diviseur de celle de **f**. On appelle signal régénérateur de **F**, qu'on note par $S_R(\mathbf{F})$, une concaténation de son signal primitif.

Remarque

L'existence d'une correspondance biunivoque entre l'ensemble des fonctions périodiques à deux ou trois états et l'ensemble des signaux primitifs associés, simplifie l'étude de ses fonctions qui se réduit à l'étude des caractéristiques de ses signaux primitifs associées.

Définition 4.3

Soient S et S' deux éléments de Γ_2 (ou Γ_3). S et S' sont égaux et on note $S = S'$ si et seulement si $S(n) = S'(n)$ pour tout $n \in \mathbf{N}$.

Théorème 4.1

Soient S et S' deux éléments de Γ_2 (ou Γ_3). Les conditions suivantes sont équivalentes :

1) $S = S'$
2) $Sp(S) = Sp(S')$

Démonstration

1) $\Rightarrow$ 2) triviale.
2) $\Rightarrow$ 1) On a pour tout $n \in \mathbf{N}$

40

$$S(n) = S(n \bmod L(Sp(S)))$$
$$= S'(n \bmod L(Sp(S'))) \text{ car } Sp(S')=Sp(S)$$
$$= S'(n)$$

Définition 4.4

On définit un sous ensemble Ω de Γ_3 par : G est un élément de Ω si et seulement si

$$Sp(G) = \overset{X}{\alpha...\alpha} \overset{Y}{\beta...\beta} \overset{Z}{\lambda...\lambda} \overset{T}{\beta...\beta} .$$

Si on désigne par :

X : le nombre de α dans $Sp(G)$

Y : le nombre de β dans $Sp(G)$ entre α et λ.

Z : le nombre de λ dans $Sp(G)$

T : le nombre de β dans $Sp(G)$ après λ.

G sera noté par $G = [X, Y, Z, T]$

L'intérêt de l'ensemble Ω est dû à sa structure qui permet d'authentifier ses éléments par les valeurs de X, Y, Z et T.

4.2.2 Métrique sur l'ensemble des fonctions périodiques à deux ou à trois états de même période

Dans cette partie on définira la distance entre les fonctions à deux ou trois états, de même période T.

Définition 4.5 (rappel) [Kruskal, 1977]

Un espace métrique est un ensemble E non vide, muni d'une fonction

$$d : E \times E \to R^+$$
$$(x, y) \to d(x, y)$$

tel que : $\forall\ x, y, z \in E$ on a :

- $d(x, y) \geq 0$ et $d(x, y) = 0 \Leftrightarrow x = y$
- $d(x, y) = d(y, x)$
- $d(x, y) \leq d(x, z) + d(z, y)$

d est appelée distance sur E.

Lemme 4.1

Soient S, S', S'' trois éléments de F. On considère les ensembles suivants :

$K = \{i \in \{0,...,T-1\}/ S(i) \neq S'(i)\}$, $H = \{i \in \{0,...,T-1\}/ S(i) \neq S''(i)\}$ et $G = \{i \in \{0,...,T-1\}/ S'(i) \neq S''(i)\}$

Montrons que $K \subset H \cup G$

Démonstration

Soit $i \in K$ donc $S(i) \neq S'(i)$

Si $i \notin H \cup G$ alors $i \notin H$ et $i \notin G$, d'où $S(i) = S''(i)$ et $S'(i) = S''(i)$, par suite $S(i) = S'(i)$ ce qui en contradiction avec $S(i) \neq S'(i)$. On en déduit que :

Pour tout $i \in K$, $i \in H \cup G$, ce qui montre que $K \subset H \cup G$.

Proposition 4.1

La fonction $w : F \times F \to \mathbf{R}$ définit par :

$$\forall S, S^{'} \in \mathbb{F} \quad w\big(S, S^{'}\big) = \#\big\{i \in \{0,...,T-1\} / S(i) \neq S^{'}(i)\big\}$$

est une distance sur $\mathbb{F}$.

Démonstration

Il est claire que pour tout élément S, $S^{'}$ de $\mathbb{F}$ on a : $w\big(S, S^{'}\big) \geq 0$ et $w\big(S, S^{'}\big) = w\big(S^{'}, S\big)$

$w\big(S, S^{'}\big) = 0 \Leftrightarrow S(n) = S^{'}(n) \quad \forall n \in \{0,...,T-1\}$. Or on sait que $S(n) = S(n \bmod T)$ et $S'(n) = S'(n \bmod T)$ pour tout entier $K \subset H \cup G \; n$. On en déduit que $S(n) = S^{'}(n) \; \forall n \in \mathbf{N}$.

Par suite $S = S^{'}$.

D'après le lemme 4.1, on a $K \subset H \cup G$. Or K, H et G sont trois ensembles finis, alors $|K| \leq |H \cup G| \leq |H| + |G|$, par suite $w\big(S, S^{'}\big) \leq w\big(S, S^{''}\big) + w\big(S^{''}, S^{'}\big)$ pour tout S, $S^{'}$ et $S^{''}$ fonctions périodiques de période T.

Proposition 4.2

La fonction $w : \mathbb{F} \times \mathbb{F} \to \mathbf{R}$ définit par :

$$D\big(S_1, S_2\big) = \frac{w\big(S_1, S_2\big)}{T}$$

est une distance sur $\mathbb{F}$ qu'on appelle distance normalisée sur $\mathbb{F}$.

Démonstration

D'après la proposition 4.1 on a :

1. $D\big(S, S'\big) \geq 0$ et $D\big(S, S'\big) = 0$ si seulement si $S = S'$

2. $w\big(S, S^{'}\big) \leq w\big(S, S^{''}\big) + w\big(S^{''}, S^{'}\big)$ pour tout S, $S^{'}$ et $S^{''}$ trois éléments de F,

   d'ou $\dfrac{w\big(S, S^{'}\big)}{T} \leq \dfrac{w\big(S, S^{''}\big)}{T} + \dfrac{w\big(S^{''}, S^{'}\big)}{T}$, par suite $D\big(S, S^{'}\big) \leq D\big(S, S^{''}\big) + D\big(S^{''}, S^{'}\big)$.

Remarque

Soient S et S' deux éléments de F.

$$D\big(S, S'\big) = \frac{w\big(S, S'\big)}{T} = \frac{\#\big\{i \in \{0,...,T-1\} / S(i) \neq S'(i)\big\}}{T} = p\big(\{i \in \{0,...,T-1\} / S(i) \neq S'(i)\}\big)$$

Cette expression montre que la distance normalisée D entre S et S' n'est que la probabilité de $S \neq S'$ sur $\{0,...,T-1\}$.

4.2.3 Métrique sur un ensemble des fonctions à deux ou à trois états pas nécessairement de même période

Dans cette partie, on désignera par P un ensemble fini de fonctions périodiques à deux où à trois états, pas nécessairement de même période et k le plus petit multiple commun de leurs périodes.

Proposition 4.3

La fonction $D' : P \times P \to \mathbf{R}$ définie par $D'\big(S, S'\big) = \dfrac{\#\big\{i \in \{0,...,k\text{-}1\}, S(i) \neq S'(i)\big\}}{k}$ est une métrique sur P.

La démonstration est identique à celle de proposition 4.2.

Corollaire 4.1

Soient S et S' deux éléments de P de période T et T'

$$D'(S, S') = \frac{\#\big\{i \in \{0,..., ppmc(T,T')-1\}, S(i) \neq S'(i)\big\}}{ppmc\big(T, T'\big)}$$

42

Démonstration

Il suffit de voir que :

$$\#\{i \in \{0,...,k-1\}, S(i) \neq S'(i)\} = \frac{\#\{i \in \{0,..., ppmc(T,T')-1\}, S(i) \neq S'(i)\}}{ppmc(T,T')} \times k$$

Et d'après proposition 4.3 on déduit que :

$$D'(S,S') = \frac{\#\{i \in \{0,..., ppmc(T,T')-1\}, S(i) \neq S'(i)\}}{ppmc(T,T')}$$

Cette relation est plus générale puisque elle définit la distance entre deux fonctions périodiques de période quelconque indépendamment des autres fonctions de la classe.

Remarques

1) D' est une prolongation de D.

2) Les deux définitions restent vraies pour les fonctions périodiques à deux états ainsi que pour les fonctions périodiques à trois états.

3) Cette définition de distance permettra le calcul des distances entre les observateurs de la classe régénératrice des Bloc Data des individus de la population initiale et de la classe de contribution.

Définition 4.6

Une matrice $D = (d_{ij}) \in M_{m,m}(\mathbf{R})$ est appelée matrice de distance [Mardia, 1979, Schiffman, 1981] si elle vérifie les propriétés suivantes :

- Elle est symétrique (i.e $d_{ij} = d_{ji}$ pour tout i et j).
- $d_{ii} = 0$ pour tout i.
- $d_{ij} \geq 0$ pour tout $i \neq j$.

De plus, elle est euclidienne s'il existe une configuration de points dans un espace euclidien telle que les distances entre ces points sont données par la matrice D, c'est-à-dire qu'il existe un entier d et des points $x_1,...,x_m \in \mathbf{R}^d$ tels que $d_{ij}^2 = \langle x_i - x_j, x_i - x_j \rangle = (x_i - x_j)^t(x_i - x_j)$ pour tout $i,j \in \{1,...,m\}$. Soient $d_{ij} = D'(G_i, G_j)$ pour $i,j \in \{1,...,m\}$ et (d_{ij}) la matrice carrée symétrique qu'on appelle **matrice des distances** pour une classe donnée.

4.3 Etude des caractéristiques internes des classes des fonctions à trois états

Le R.A NMJ fait appel à deux classes de fonctions à trois états. L'une classe I (C I) lors de la création de la population initiale, l'autre Classe II (C II) utilisé lors de la contribution des individus. L'étude des caractéristiques d'une classe des fonctions à trois états pose un grand problème lié à l'interprétation des états qui se manifestent lors de la superposition de deux séquences associées aux fonctions à trois états, et qui sont : (α, α), (β, β), (λ, λ), (α, β) ou (β, α), (α, λ) ou (λ, α), (β, λ) ou (λ, β). Avec (x,y) correspond à $(S_i(n) = x, S_j(n) = y)$ ou $(S_i(n) = y, S_j(n) = x)$.

Soit l'observateur $G = [X, Y, Z, T]$, les plages de valeurs, notées D_i, que peuvent prendre X, Y, Z, et T sont variables et c'est aux concepteurs de choisir leurs valeurs adéquates. La version originale du R.A NMJ utilise deux classes de fonctions à trois états définies par :

C I : $\mathbf{D_X} = |2:7|$, $\mathbf{D_Y} = |1:6|$, $\mathbf{D_Z} = |2:7|$, $\mathbf{D_T} = |1:5|$

et C II : $\mathbf{D_X} = |5:8|$, $\mathbf{D_Y} = |1:4|$, $\mathbf{D_Z} = |5:8|$, $\mathbf{D_T} = |1:4|$.

Les valeurs de $\mathbf{D_X}$, $\mathbf{D_Y}$, $\mathbf{D_Z}$ et $\mathbf{D_T}$ déterminent le nombre de fonctions de la classe qui vaut :

C I : 1080 = (7-2+1)*(6-1+1)*6*5 et C II : 256 = (8-5+1)*(4-1+1)*4*4.

Dans ce qui suit, on présentera quelques caractéristiques de ses deux classes : la probabilité des états α, β et λ, ensuite les fréquences des longueurs des deux classes C I et C II et la distribution des distances entre fonctions à trois états.

4.3.1 La probabilité des états α, β et λ

Une suite à trois états est une séquence d'α, β et λ dont les probabilités sont calculées de la façon suivante pour une classe d'observateurs G_l donnée de longueur T_l :

$$p(\alpha) = \frac{n_\alpha}{n_\alpha + n_\beta + n_\lambda}, \ p(\beta) = \frac{n_\beta}{n_\alpha + n_\beta + n_\lambda} \text{ et } p(\lambda) = \frac{n_\lambda}{n_\alpha + n_\beta + n_\lambda}.$$

$n_q = \sum_{i=1}^{m} \#\left\{ b \in \{0,...,T_i - 1\} / G_i(b) = q \right\}$ avec $q \in \{\alpha,\beta,\lambda\}$ et m le nombre des éléments de la classe.

Remarque

On remarque, pour les deux classes C I et C II, que la probabilité d'apparition de α et λ sont égaux dû au fait que $\mathbf{D_X} = \mathbf{D_Z}$, reste à calculer la probabilité d'apparition de β.

pour C I : $n_\alpha = n_\lambda = 2^2.3^5.5$, $n_\beta = 2^2.3.5.13$ et $n_\alpha + n_\beta + n_\beta = 2^2.3^3.5.31$

pour C II : $n_\alpha = n_\lambda = 2^7.13$, $n_\beta = 2^8.5$ et $n_\alpha + n_\lambda + n_\beta = 2^9.3^2$

ce qui donne pour : C I : $p(\alpha) = p(\lambda) \approx 0.29$ et $p(\beta) \approx 0.42$ etC II : $p(\alpha) = p(\lambda) \approx 0.36$ et $p(\beta) \approx 0.27$. On constate que pour ces deux classes de fonctions la probabilité d'apparition de α est égale à la probabilité d'apparition de λ et que β est plus probable dans le cas de la classe C I, ce qui est justifié car il faut traiter des mots de passe de taille réduite.

4.3.2 La distribution des longueurs des Sp

Soit un observateur $G = [X,Y,Z,T]$, la longueur du signal primitif associée à G est égal à $L(Sp(G)) = X + Y + Z + T$.

La figure suivante présente la distribution des fréquences des longueurs des signaux primitifs pour les classes C I et C II.

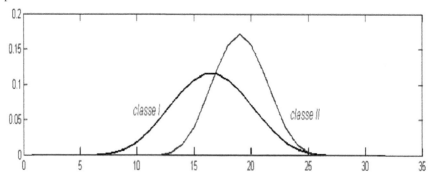

Figure 5 : la distribution des longueurs des fonctions à trois états des deux classes CI et CII

44

4.3.3   La distribution des distances entre fonctions à trois états

Dans ce sous paragraphe on étudiera la distribution des observateurs $G_1,...,G_m$ les une par rapport aux autres, pour les deux classes de fonctions C I et C II, en calculant la distance normalisée entre ces fonctions. Soient $d_{ij} = D'(G_i, G_j)$ pour $i, j \in \{1,...,m\}$ et (d_{ij}) la matrice carrée symétrique qu'on appelle matrice des distances pour une classe donnée.

L'analyse des matrices de distances (Définition 4.6) associée à chaque classe permettra de donner une estimation de la complexité collective des éléments de la classe. Les deux figures qui suivent représentent les histogrammes des matrices de distances des classes I et II.

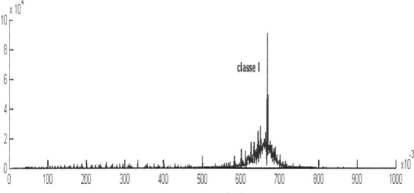

Figure 6 : Histogramme de la matrice (d_{ij}) associée à la classe C I

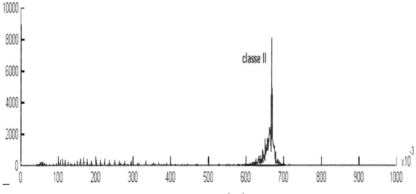

Figure 7 : Histogramme de la matrice (d_{ij}) associée à la classe C II

L'axe des abscisses représente les distances entre les observateurs, l'axe des ordonnées représente le nombre d'apparition des coefficients égaux de la matrice (d_{ij}) de la classe en question.

Remarques
On remarque que chacun de ces histogrammes présente un pic à la valeur 0.66. Ce pic représente une sorte d'attracteur puisqu'on a une grande densité au voisinage de ce point.

Une partie importante de notre étude de la complexité des classes de fonctions à trois états s'inspire du fait que les matrices des distances associées à ces classes présentent des pics. Ainsi, l'étude de ses matrices des distances sera fait sur deux parties :

- La première partie a pour objectif d'expliquer le pic qui se présente sur les histogrammes des matrices de distance associées aux classes CI et CII.

- La seconde partie exploitera ces pics afin d'estimer la complexité de ces classes de fonctions à travers l'analyse des matrices des distances en appliquant l'algorithme MDS.

4.3.3.a L'approche probabiliste

Théorème 4.2

La distance normalisée entre deux fonctions à deux états 0 et 1 dont les signaux primitifs associés sont aléatoires est proche de 0.5.

Démonstration

Soient S_1 et S_2 deux fonctions binaires aléatoires, on aura :

- $P(S_1(i) = 0) = P(S_1(i) = 1) = 1/2$
- $P(S_2(i) = 0) = P(S_2(i) = 1) = 1/2$

Alors :

$$P(S_1(i) \neq S_2(i)) = P(((S_1(i)=0) \wedge (S_2(i)=1)) \vee ((S_1(i)=1) \wedge (S_2(i)=0)))$$
$$= P((S_1(i)=0) \wedge (S_2(i)=1)) + P((S_1(i)=1) \wedge (S_2(i)=0))$$
$$= P(S_1(i)=0) \cdot P(S_2(i)=1)) + P((S_1(i)=1) \cdot P(S_2(i)=0))$$
$$= 1/2 * 1/2 + 1/2 * 1/2 = 1/2$$

De même pour les suites aléatoires à trois états.

Théorème 4.3

La distance normalisée entre deux fonctions à trois états α, β et λ dont les suites associées sont aléatoires est proche de 0.66 .

Démonstration

Soient deux suites, à trois états, S_1 et S_2 aléatoires, on aura :

- $P(S_1(i) = \alpha) = P(S_1(i) = \beta) = P(S_1(i) = \lambda) = 1/3$
- $P(S_2(i) = \alpha) = P(S_2(i) = \beta) = P(S_2(i) = \lambda) = 1/3$

Alors :

$$P(S_1(i) \neq S_2(i)) = 1 - P(((S_1(i)=\alpha) \wedge (S_2(i)=\alpha)) \vee ((S_1(i)=\beta) \wedge (S_2(i)=\beta)) \vee ((S_1(i)=\lambda) \wedge (S_2(i)=\lambda)))$$
$$= 1 - P(((S_1(i)=\alpha) \wedge (S_2(i)=\alpha)) - P((S_1(i)=\beta) \wedge (S_2(i)=\beta)) - P((S_1(i)=\lambda) \wedge (S_2(i)=\lambda))$$
$$= 1 - P(S_1(i)=\alpha) \cdot P(S_2(i)=\alpha) - P(S_1(i)=\beta) \cdot P(S_2(i)=\beta) - P(S_1(i)=\lambda) \cdot P(S_2(i)=\lambda)$$
$$= 1 - \left[1/3 \cdot 1/3 + 1/3 \cdot 1/3 + 1/3 \cdot 1/3 \right] = 2/3$$

Théorème 4.4

La distance normalisée entre deux fonctions à n états $(n \geq 2)$ dont les suites associées sont aléatoires est proche de $\dfrac{n-1}{n}$.

Démonstration

Soient deux suites, à n états $\{e_1, ..., e_n\}$, S_1 et S_2 aléatoires et indépendantes, on aura :

- $P(S_1(i) = e_1) = P(S_1(i) = e_2) = ... = P(S_1(i) = e_n) = 1/n$
- $P(S_2(i) = e_1) = P(S_2(i) = e_2) = ... = P(S_2(i) = e_n) = 1/n$

Alors :

$$P(S_1(i) \neq S_2(i)) = 1 - \sum_{k=1}^{n} P\left(\left(S_1(i) = e_k\right) \wedge \left(S_2(i) = e_k\right)\right)$$

Et puisque les suites S_1 et S_2 sont aléatoires et indépendantes, alors pour tout $k \in \{1,...,n\}$ on a : $P\left(\left(S_1(i) = e_k\right) \wedge \left(S_2(i) = e_k\right)\right) = P\left(S_1(i) = e_k\right).P\left(S_2(i) = e_k\right)$.

Ainsi $P(S_1(i) \neq S_2(i)) = 1 - \sum_{k=1}^{n} P\left(S_1(i) = e_k\right).P\left(S_2(i) = e_k\right) = 1 - \sum_{k=1}^{n} \frac{1}{n}.\frac{1}{n} = 1 - \frac{n}{n^2} = \frac{n-1}{n}$

Remarque

Il est important de signaler que l'analyse de la matrice de distance d'une classe de fonctions permettra la détermination de la dimension minimale de l'espace qui peut héberger cette classe. Ce qui dévoilera la complexité émergée de ce système.

4.3.3.b L'algorithme MDS classique

L'étude des caractéristiques des fonctions à trois états a pour but d'estimer la complexité et les fondements théoriques de l'algorithme R.A NMJ, est ceci à l'aide de la théorie la plus concise qui pourra l'expliquer d'une manière globale ou partielle. L'étude des caractéristiques des classes de fonctions à trois états utilisées lors des différentes étapes de l'algorithme R.A NMJ donnera une vue théorique sur ce dernier. Il s'agit donc d'étudier la complexité de la structure définie par l'ensemble des éléments de la classe et pas de chaque élément. L'estimation de cette complexité collective est indispensable pour justifier l'utilisation de ces classes. Estimation devenue possible à travers l'analyse des caractéristiques des matrices de distances entre les éléments de la classe deux à deux. La technique qui sera utilisée pour exploiter ces matrices est l'algorithme MDS classique 'Multidimensional Scaling Techniques' [Mardia, 1979, Schiffman, 1981], technique qui permettra l'estimation des coordonnées de chaque élément de l'ensemble dans un espace Euclidien. L'emploi du terme 'estimation' est dû au fait que l'MDS tente à réduire la dimension de l'espace d'Euclide tout en minimisant une "fonction de Stress".

Les données observables caractérisant un processus donné sont, dans de nombreux cas, de très grande dimension, par conséquent, elles sont très difficiles à interpréter et c'est pour cette raison que les techniques d'analyse de données ont été créées; leur but est de retrouver la structure des données dans le sous espace intrinsèque à celui des observations. Les algorithmes des projections des données (data projection algorithms) sont utilisés pour représenter dans des espaces en deux ou trois dimensions des données ayant un nombre de dimensions très élevé. Ils permettent non seulement d'aider à comprendre les données mais également de fournir un moyen de les visualiser intuitivement.

L'algorithme MDS classique est une technique d'analyse des données qui opère sur les matrices des distances ou de similarité afin de faire des projections de la structure de départ sur un espace, généralement d'Euclide, de dimension n. Notre intérêt à cette technique est dû au fait quelle donne les coordonnées de ses objets dans un espace Euclidien, ce qui permet une estimation de l'importance de chaque axe, ainsi d'avoir une indication sur la complexité collective de l'ensemble des objets. Autrement dit, étant donné un ensemble de N objets dans un espace, dont on ne connaît pas éventuellement sa dimension, MDS permet de retrouver la dimension minimale d'un espace euclidien $\left(\mathbf{R}^m\right)$ contenant N points, à partir des distances entre les N objets auxquels ces points sont associés et ses coordonnés dans cet espace d'Euclide; tout en minimisant une "fonction de Stress". Dans notre cas, la fonction de stress est l'égalité de la somme des carrés des différences entre les distances avec la somme des carrés des différences de coordonnées dont on dispose. En d'autres termes, MDS permet d'attribuer des coordonnées aux

47

éléments de la classe, dans un espace d'Euclide de dimension minimale, qui seront utilisées pour calculer l'importance de chaque axe par rapport aux autres.

Dans ce qui suit, on donnera un aperçu sur cette technique :

Soient la matrice carrée des distances $D = \left(d_{ij}\right)$ d'ordre n avec d_{ij} la distance entre deux observateurs Gi et Gj (**Corollaire 4.1**), $\Delta = \left(d_{ij}^2\right)$ la matrice de distances quadratique et

$$B = \frac{1}{2}\left(I_n - \frac{1}{n}U_n\right)\Delta\left(I_n - \frac{1}{n}U_n\right)$$ avec I_n matrice unité d'ordre n et U_n matrice carré d'ordre n

dont tous les coefficients sont égaux à 1. On calcule les valeurs propres de la matrice B et les vecteurs propres associés. Soit donc $\left(\lambda_i\right)_{i=1}^d$ les d valeurs propres positives de B telles que $\lambda_1 > ... > \lambda_d$, et les vecteurs propres correspondants $\left(x_{(i)}\right)_{i=1}^d$ normalisés par ${}^T x_{(i)} x_{(i)} = \lambda_i$. Les coordonnées des points P_r dans l'espace euclidien $\mathbf{R}^d$, pour $r \in \{1,...,n\}$ sont données par $x_{(r)} = \left(x_{r1},...,x_{rd}\right)$, qui sont les lignes de la matrice $X = \left(x_{(1)},...,x_{(d)}\right)$ d'ordre $n \times d$.

Définition 4.7

La fonction S définie de $\mathbf{R}^{n.d} \to \mathbf{R}$ par :

$$S\left(x_{11},...,x_{1d},...,x_{n1},...,x_{nd}\right) = \sum_{i=1}^n \sum_{j=i+1}^n \left| d_{ij} - \sqrt{\sum_{k=1}^d \left(x_{ik} - x_{jk}\right)^2} \right|$$

et la "fonction de Stress" que l'algorithme MDS minimise.

4.3.3.b.1   Résultats

L'objectif de cette partie est de présenter et interpréter les résultats obtenus lors de l'application de l'algorithme MDS sur les matrices des distances associées aux deux classes de fonctions à trois états utilisées dans l'algorithme R.A NMJ.

4.3.3.b.1.1 Classe CI utilisée dans R.A NMJ

La classe CI est définie par : $\mathbf{D_X} = |2:7|$, $\mathbf{D_Y} = |1:6|$, $\mathbf{D_Z} = |2:7|$, $\mathbf{D_T} = |1:5|$ et composé de 1080 fonctions. Elle joue un rôle important de fait que c'est le noyau de la fonction qui régénère la population initiale associée à un mot de passe donné.

La matrice des distances associées à la classe CI est de rang 1057 et elle a 313 valeurs propres positives qui seront prises en considération.

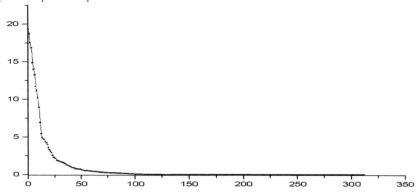

Figure 8 : Les 313 valeurs propres positives associées à la classe CI, triées par ordre croissant

48

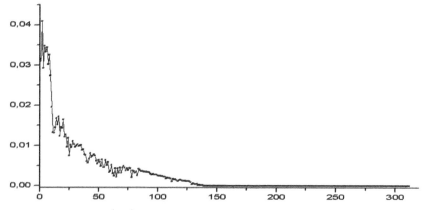

Figure 9 : Pourcentages $P\left(X_{(i)}\right)$ de la contribution de chaque axe par rapport aux autres axes de l'espace d'Euclide.

L'axe des abscisses représente les indices des axes associés aux 313 valeurs propres positives, l'axes des ordonnées représente les pourcentages $P\left(X_{(i)}\right)$ de la contribution de chaque axe par rapport aux autres axes qui forment un espace d'Euclide. Ce graphe représente l'importance des axes associés aux valeurs propres positives, une valeur estimée par la relation suivante :

$$P\left(X_{(i)}\right) = \frac{|X_{(i)}|}{|X|}.$$

4.3.3.b.1.2 Classe II utilisée dans R.A NMJ

La classe CII est définie par : $D_X = |5:8|$, $D_Y = |1:4|$, $D_Z = |5:8|$, $D_T = |1:4|$, elle intervient lors de la fonction de contribution qui permet aux individus de contribuer à la suite binaire. Sa matrice est de rang égal à 255 et elle a 83 valeurs propres positives.

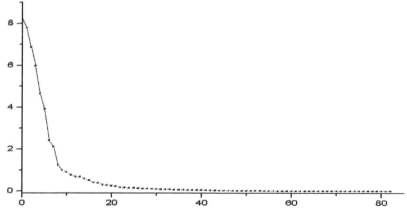

Figure 10 : Les valeurs propres positives associées à la classe CII, triées par ordre croissant

Cette figure représente les 83 valeurs propres positives associées à la classe CII, triées par ordre croissant

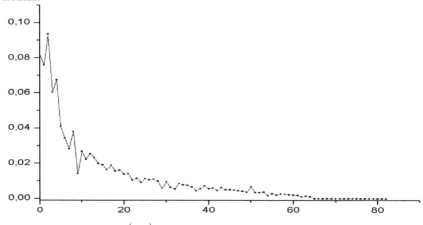

Figure 11 : Pourcentages $P\left(X_{(i)}\right)$ de la contribution de chaque axe par rapport aux autres axes de l'espace d'Euclide.

L'axe des abscisses représente les indices des axes associés aux 83 valeurs propres positives, l'axe des ordonnées représente les pourcentages $P\left(X_{(i)}\right)$ de la contribution de chaque axe par rapport aux autres axes qui forment un espace d'Euclide.

Remarque

Bien que l'algorithme MDS ne donne qu'une estimation approchée (du fait que l'MDS ne prend en compte que les aspects dominants du peuplement, et les espèces rares sont ignorées, parce qu'elles créent des difficultés d'interprétation), de la dimension de l'espace d'Euclide qui peut satisfaire les contraintes de distances entre tous les éléments de l'ensemble deux à deux. Les résultats trouvés sont 313 et 83 pour la première et la deuxième classe respectivement, donnant une indication sur la complexité collective de ses classes. Dans ce qui suit on étudiera la transformé W qui représente la façon dont l'algorithme R.A NMJ fait appel aux fonctions à trois états.

4.4   Etude des caractéristiques de la transformée W

Dans cette partie on étudiera l'influence de l'ignorance de bits dans les transformées basées sur les fonctions à trois états à travers l'étude de leurs linéarités tout en essayant de trouver une structure algébrique qui expliquera ses transformées dissipatives.

4.4.1   Définitions

Définition 4.8

Soit la transformée v définie par

$$v:\{\alpha,\lambda\}\times\{0,1\}\rightarrow\{0,1\}$$
$$(\alpha,k)\mapsto k$$
$$(\lambda,k)\mapsto\bar{k}\quad\text{avec }\bar{0}=1\text{ et }\bar{1}=0$$

Définition 4.9

La transformée définie par :

50

$$W : \Omega \times \Gamma_2 \to \Gamma_2$$
$$(G,S) \to W(G,S) = S'$$

permet le passage, pour un observateur G donné, de la suite binaire associée à S à la suite binaire correspondante associée à la fonction S'.

Pour déterminer la valeur de S', on construit deux suites $(t_i)_i$ et $(k_i)_i$ par :

$$\begin{cases} t_0 = \inf \{n \in \mathbb{N}; G(n) = \beta\} \\ k_0 = \inf \{n \in \mathbb{N}; G(n) \neq \beta\} \end{cases}$$

On a donc deux cas : $t_0 > k_0$ ou bien $t_0 < k_0$ autrement $G(0) = \beta$ ou bien $G(0) \neq \beta$. Et comme $G \in \Omega$, alors $G(0) = \alpha$, par suite $t_0 > k_0$ et $k_0 = 0$.

Et on définit :
$$\begin{cases} t_{i+1} = \inf \{n \in \mathbb{N} / n > k_i ; G(n) = \beta\} \\ k_{i+1} = \inf \{n \in \mathbb{N} / n > t_i ; G(n) \neq \beta\} \end{cases}$$

La fonction S' est définie par : $S'(n) = v(G(m), S(m))$ avec $m = k_r + d$, $n = d + \sum_{i=0}^{r} (t_i - k_i)$ et $0 \leq d \leq t_{r+1} - k_{r+1} - 1$.

4.4.2   Caractéristiques de la transformée W

Définition 4.10

On définit $B_3 = \{\alpha, \beta, \lambda\}$ l'ensemble muni de deux lois de compositions internes + et * tel que :

$\alpha + \alpha = \alpha$; $\alpha + \beta = \beta + \alpha = \beta$; $\alpha + \lambda = \lambda + \alpha = \lambda$; $\beta + \lambda = \lambda + \beta = \alpha$

$\alpha \cdot \alpha = \alpha \cdot \lambda = \lambda \cdot \alpha = \beta \cdot \alpha = \alpha \cdot \beta = \alpha$

$\lambda \cdot \beta = \beta \cdot \lambda = \lambda$; $\lambda \cdot \lambda = \beta$

Théorème 4.5

$(B_3, +, \cdot)$ est un corps commutatif.

L'étude de la linéarité pose un grand problème du fait que $\Omega \times \Gamma_2$ n'est pas un espace vectoriel ni sur $\{0,1\}$, ni sur B_3.

Pour contourner ce problème on associe à chaque observateur G une fonction W_G :

$$W_G : \Gamma_2 \to \Gamma_2$$
$$S \to W_G(S) = S'$$

Dans cette condition on peut étudier la linéarité de W_G, car Γ_2 est un $\{0,1\}$ espace vectoriel.

Proposition 4.4

W_G est une application non linéaire pour tout observateur G.

Démonstration

Pour démontrer la non linéarité de cette transformée, il suffit de monter qu'il existe S_1 et S_2 deux éléments Γ_2 tel que $W_G(S_1 + S_2) \neq W_G(S_1) + W_G(S_2)$.

Soit l'observateur $G = [X, Y, Z, T]$ et soient deux fonctions S_1 avec $Sp(S_1) = 1$ et S_2 avec $Sp(S_2) = 0$. On a $S_1 + S_2 = S_1$

Montrer que $W_G(S_1 + S_2) \neq W_G(S_1) + W_G(S_2)$ revient à montrer qu'il existe $m \in \mathbb{N}$ tel que :

$$W_G(S_1 + S_2)(m) \neq (W_G(S_1)(m)) \oplus (W_G(S_2)(m))$$

Pour $m = X + Y + 1$ on a : $W_G(S_1)(m) = 0, W_G(S_2)(m) = 1$, et comme $W_G(S_1 + S_2)(m) = 0$ et $(W_G(S_1)(m)) \oplus (W_G(S_2)(m)) = 1$, alors $W_G(S_1 + S_2) \neq W_G(S_1) \oplus W_G(S_2)$

Ceci montre que la transformée W_G est non linéaire.

Lemme 4.2

La fonction W_G est non injective, pour tout observateur G.

Démonstration

Soient S_1 et S_2 deux éléments de Γ_2 tel que :

$Sp(S_1) =$"11000110011000111101010110110111011011110000110011001000011111",

$Sp(S_2) =$"1101011010100111111110100001010110110110100011100110010101010"

Et soit G un observateur défini par : $G = [X_G, Y_G, Z_G, T_G]$ avec $X_G = 3, Y_G = 2, Z_G = 2$ et $T_G = 3$. On vérifiée que $Sp(W_G(S_1)) = Sp(W_G(S_2)) = $"11000100000101011010000010011 0".

Ceci montre que la fonction W_G est non injective. Et on vérifie qu'il existe au moins $2^{E\left[\left(\frac{Y+T}{X+Y+Z+T}\right)*L(S_1)\right]}$ suites S_i tel que $W_G(S_1) = W_G(S_i)$, ce qui donnera dans ce cas environ 2^{30} suites S_i.

4.4.3 L'étude de la complexité de W_G

Dans cette partie nous supposons connaître S', l'observateur $G = [X_G, Y_G, Z_G, T_G]$ utilisés lors de la transition et nous calculons le nombre des cas possibles pour S en fonction des paramètres de X_G, Y_G, Z_G, T_G et $L(S')$.

Partant du cas où : $S_{R,n}(S') = S_{R,n}(W_G(S)) =$'111...111'

Les suites binaires associées à S auront la forme générale suivante :

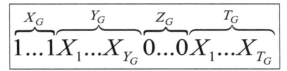

Figure 12 : forme générale des suites binaires associées

Avec les X_i peuvent prendre comme valeur 0 ou 1.

N_S est le nombre de fonctions ayant cette forme générale $N_S > 2^{E\left[\left(\frac{Y_G+T_G}{X_G+Z_G}\right)*L(S')\right]}$

Etudiant l'impact de se résultat sur deux classes C 1 et C II. Le tableau suivant dresse quelques caractéristiques des deux classes C I et C II par rapport à $2^{E\left[\left(\frac{Y_G+T_G}{X_G+Z_G}\right)*L(S')\right]}$.

			min	max	médian	moyenne	variance
$L(S')$	8 bits	C 1	2.2082	4194304	54.4617	8.0577e+003	1.8581e+010
		C I1	2	84.4485	8.4381	11.6359	109.0733
	32 bits	C 1	23.7759	3.0949e+026	8.8660e+006	2.8882e+023	8.8687e+049
		C 1I	16	5.0859^e+007	5.0697e+003	4.2680e+005	1.1140e+013
	128 bits	C 1	3.1956^e+005	9.1740^e+105	6.9400e+027	8.4944e+102	7.7928e+208
		C 1I	65536	6.6907^e+030	6.6060e+014	2.6226e+028	1.7486e+059
	512 bits	C 1	2^{73}	2^{1408}	-----	-----	-----
		C 1I	1.8447^e+019	2.0040^e+123	1.9044e+059	7.8280e+120	1.5687e+244
	1024 bits	C 1	2^{146}	2^{2816}	-----	-----	-----
		C 1I	3.4028^e+038	4.0158^e+246	3.6267e+118	1.5687e+244	-----

Tableau 3.1 l'influence de $L(S')$ sur les caractéristiques des classes CI et CII

4.5 Conclusion

La non linéarité, la non injectivité de la fonction W_G et la dissipation associée à l'état β, qui sera compensée par la fonction W_G, viennent s'accumuler. L'algorithme RA. NMJ est un système qui simule l'évolution d'une population d'individus hétérogène, dynamique avec rétroaction. Ces caractéristiques justifient que R.A NMJ est un système chaotique sensible à l'état initial et lui permettent d'engendrer un effet d'avalanche élevé même pour des états très proches. Cette sensibilité garantira la non réductibilité de l'espace de recherche lors d'une attaque exhaustive par énumération des mots de passe.

S'orienter vers les algorithmes évolutionnistes pour régénérer des suites cryptographiquement sûres est une décision difficile à justifier du fait des enjeux de cette discipline, seule la complexité emmagasinée dans ses processus et les résultats trouvés motivent cette étude. En effet, la complexité des systèmes biologiques dépasse largement celle des phénomènes physiques, de plus, la simplicité offerte par ces techniques, soit dans la phase d'élaboration soit dans l'étude de la vulnérabilité. Ainsi les algorithmes évolutionnistes peuvent être une alternative pour la régénération des suites binaires cryptographiquement sûres.

CHAPITRE 5 :

ETUDE DU COMPORTEMENT CHAOTIQUE DE L'ALGORITHME R.A NMJ

5.1   Introduction

5.2   La théorie du chaos
5.2.1.   Notion de système dynamique
5.2.2   Sensibilité aux conditions initiales
5.2.3.   Attracteur étrange

5.3   Définitions

5.4   Sensibilité aux conditions initiales
5.4.1.   Justification du choix des caractéristiques de la classe à trois états
5.4.2   Contribution des bits du mot de passe
5.4.3.   Premier test : Mot de passe de 8 caractères
5.4.4.   Seconde test : variation de la distance entre les mots de passe

5.5   Sensibilité aux perturbations au voisinage d'un attracteur
5.5.1.   Les caractéristiques de la population
5.5.2   Les perturbations au voisinage des attracteurs
5.5.2.a   *Changement de bit*
5.5.2.b   *Changement de position*

5.6   Conclusion

5.1   Introduction

L'étude du comportement chaotique d'un système passe par l'analyse de ses caractéristiques dynamiques [MIRA, 1969, Baker, 1996], dont les plus importantes sont : sa sensibilité aux conditions initiales et aux perturbation au voisinage des attracteurs. Ses deux caractéristiques se quantifient par la détermination des exposants de Lyaponov du système chose qui n'est pas toujours possible et qui se réduit à la détermination du plus grand exposant de Lyaponov [GLEICK, 1989].

Dans ce chapitre nous étudions la dynamique de l'algorithme R.A NMJ [Sabour, 2006c, 2007b] : sa sensibilité aux conditions initiales (la sensibilité aux changements des bits d'un mot de passe) et sa sensibilité aux perturbations (changements des bits des Bloc Data d'un individu ou de la position d'un individu par rapport aux autres individus de la population) aux voisinages des attracteurs. Cette étude se justifie puisque l'algorithme R.A NMJ simule un système dynamique, dissipatif avec compensation, qu'utilise la complexité des algorithmes évolutionnistes et exploite leur souplesse pour les adapter à la régénération de suites binaires cryptographiquement sûres. La définition d'une distance sur l'ensemble des populations, en se référant aux Bloc Data des individus, a permis l'étude de l'influence d'une perturbation sur une population donnée par rapport à une population de référence, ce qui permet l'analyse d'une part sur la nature de la convergence de l'évolution des distances, à chaque itération, de la population perturbée par rapport à la population de référence et d'autre part sur la détermination du plus grand exposant de Lyapunov du système.

5.2 La théorie du chaos

Depuis un peu plus de trois décennies, une nouvelle science secoue le monde scientifique. Pressentie par le français Henri Poincaré [POINCARE, 1890, 1908] à la fin du siècle dernier. La science des systèmes non-linéaires et du chaos est en plein essor depuis l'avènement des ordinateurs et révolutionne la façon dont on aborde maintenant certains phénomènes naturels. Ce qui était alors dû à la complexité du système étudié est maintenant perçu comme une manifestation de processus souvent simples amenant un comportement chaotique. Spectaculairement compliqué. Toutes les sciences physiques, l'économie voire même les sciences sociales sont affectées par ce renouveau idéologique.

5.2.1 Notion de système dynamique

Un système dynamique [GLENDINNING, 1994] représente un ensemble de variables qui évoluent au cours du temps. Dans un premier temps les systèmes dynamiques étudiés étaient des objets en mouvement comme le mouvement des planètes ou d'un pendule, mais cette notion peut s'appliquer à des objets beaucoup plus divers. Les variations de l'activité électrique d'une population neuronale constituent donc un système dynamique. L'étude des systèmes dynamiques s'est longtemps focalisée sur l'étude des systèmes à l'équilibre c'est à dire en l'absence de tout apport d'énergie extérieur au système et longtemps après la dernière perturbation. Un système dynamique est décrit au moyen d'un système d'équations différentielles dont le nombre est égal au nombre de variables indépendantes dans ce système dynamique. Dans ces équations différentielles interviennent des constantes qui vont conditionner l'évolution de ce système : selon leurs valeurs le système aura un comportement périodique, pseudo-périodique ou chaotique

5.2.2 Sensibilité aux conditions initiales

La sensibilité aux conditions initiales, évoquée précédemment, est la propriété majeure des systèmes chaotiques [Guckenheimer, 1983]. Même si Hadamard (1898) est le premier à suggérer cette propriété [Thiétart, 1995], elle a été mise au grand jour par Edward Lorenz [Lorenz, 1963] en 1961. Dans le calcul des solutions d'un système d'équations modélisant les fluctuations météorologiques, un changement de décimales dans la condition initiale (0,538 au lieu de 0,538242) a complètement modifié le résultat du calcul. Baptisée avec humour "effet papillon", selon cette propriété, un battement d'aile de papillon à Tokyo peut entraîner la formation d'un cyclone en Floride. Mathématiquement, cela signifie que deux points arbitrairement proches à un instant t vont diverger exponentiellement [Manneville, 2003]. Jusqu'à présent, les chercheurs pensaient généralement que de petites (grandes) modifications au départ entraînaient de petites (grandes) modifications à l'arrivée. Avec la découverte de Lorenz, on découvre que ce n'est pas le cas [Diamond, 1994, Gleick, 1989]. On peut dire encore que les mêmes causes aboutissent aux mêmes effets, mais des causes semblables n'entraînent pas des effets semblables [Ekeland, 1991] . La difficulté majeure est que le faible écart de départ échappe à la perception. En conséquence, comme les erreurs augmentent proportionnellement au nombre d'itérations de la fonction récursive, le grand écart final est attribué au hasard [Gordon, 1992] , ce qui est un défaut d'appréciation. Plus précisément, les chercheurs ont montré que, pour des systèmes chaotiques, les erreurs croissent exponentiellement [Diamond, 1994] ce qui explique que l'on trouve l'expression mathématique d'instabilité exponentielle comme synonyme de la sensibilité aux conditions initiales [Ekeland, 1991]. Cette propriété est à l'origine de la méthode de détection de la présence de chaos au sein d'un système, appelée exposants de Lyapunov.

5.2.3 Attracteur étrange

Si on observe un système dynamique quelconque, dans le temps, on remarque qu'il évolue vers un attracteur. Un attracteur est donc défini de manière générale par "n'importe quoi du moment que tout y converge et s'y dépose" [Stewart, 1992]. L'attracteur est donc ce vers quoi converge la trajectoire du système dynamique étudié, lorsqu'on se place dans l'espace des phases. L'espace des phases est un espace dans lequel chacune des variables du système est associée à une des coordonnées de l'espace. Dans cet espace, il est possible de situer l'ensemble des points qui forment une trajectoire décrivant géométriquement toute l'évolution du système [Tarnowski, 1993]. L'attracteur le plus simple est un point. C'est l'attracteur d'un système qui évolue à taux constant. D'autres attracteurs peuvent inclure des cycles qui se répètent au cours du temps. Dans le premier cas, le mouvement a atteint un état stationnaire; dans le deuxième cas, le mouvement se reproduit continûment [Gleick, 1989]. Dans le cas d'un système chaotique, la trajectoire converge vers une région particulière de l'espace appelée attracteur étrange par Ruelle et Takens [Ruelle, 1971]. C'est un objet mathématique décrivant une évolution temporelle avec sensibilité aux conditions initiales. Cette figure caractérise en permanence l'évolution d'un système chaotique, sans pour autant être d'aucun secours pour la prédire [Tarnowski, 1993]. En effet, l'étude des attracteurs étranges aboutit à la conclusion qu'un système peut être régi par des équations déterministes relativement simples et évoluer de manière telle qu'il ne puisse en pratique être distingué d'un système foncièrement aléatoire et imprévisible [Prigogine, 1988]. Concrètement, si l'on mesure l'état d'un système chaotique à un instant donné, on sait que, plus tard, au fil de la trajectoire, il va se retrouver quelque part sur cet attracteur; mais, on ne peut pas prédire exactement où. L'attracteur est pourtant toujours le même : il dépend des caractéristiques physiques du système.

5.3 Définitions

Définition 5.1 [Hamming, 1950]
Soient a = $a_0...a_{n-1}$ et b = $b_0...b_{n-1}$ deux mots constitués par des symboles a_i et b_i éléments d'un ensemble donné. La distance de Hamming est définie par : $d_H(a,b) = \#\{i \in \{0,...,n\text{-}1\} \;/\; a_i \neq b_i\}$.

Définition 5.2
Soient P_1 et P_2 deux populations de même nombre d'individus N et de même taille de blocs Data. On définit la distance entre ces deux populations P_1 et P_2 par :

$$dis(P_1, P_2) = \sum_{i=1}^{N} d_H\left(P_1\_Data(i), P_2\_Data(i)\right)$$

Avec $P_j\_Data(i)$ le bloc Data de l'individu i de la population P_j.

Définition 5.3 [Eckmann, 1985, Ott, 1993]
Soient X_0 et $X_1 = X_0 + \mu$ deux conditions initiales pour un système et $P_1(t)$ et $P_2(t)$ deux états du système à l'itération t telles que $P_1(0) = X_0$ et $P_2(0) = X_0 + \mu$. S'il existe un instant t_m, une constante réelle λ et une constante réelle a tels que : $\forall t \in [0, t_m]$, $dis\left(P_1(t), P_2(t)\right) \sim e^{\lambda t + a}$
λ est alors appelé exposant de Lyapunov.
La différence exponentielle des trajectoires peut être caractérisée de manière quantitative en mesurant leur taux de divergence. Ce taux est donné par l'exposant de Lyapunov

Définition 5.4 [Baker, 1996]
Un système chaotique est un système dont l'exposant de Lyapunov est strictement positif.

Définition 5.5
Soient M_1 et M_2 deux mots de passe de même taille T en octets, la distance normalisée ε entre M_1 et M_2 est définie par : $\varepsilon = \varepsilon(M_1, M_2) = \dfrac{d_H(M_1, M_2)}{8T}$

5.4 Sensibilité aux conditions initiales

La sensibilité aux conditions initiales [Baker, 1996] constitue sans aucun doute la caractéristique essentielle des systèmes chaotiques. Quelle que soit la proximité de deux états initiaux, les trajectoires qui en sont issues divergent rapidement l'une de l'autre. Elles restent cependant liées au même attracteur donc confinées dans un espace borné. Cela a pour conséquences :

- Le bruit le plus infime altère complètement la connaissance des états futurs du système. En effet, la divergence des trajectoires dans un espace borné signifie qu'elles sont très rapidement décorrélées. Par conséquent, bien que le système soit déterministe, aucune prévision à long terme n'est possible.
- Si le système est bouclé, le bruit de mesure peut donc altérer profondément la dynamique de l'ensemble. Son comportement est alors modifié de manière radicale sans proportion avec la précision des mesures.
- La moindre perturbation du système peut à terme conduire à des états extrêmement différents. Un événement insignifiant n'a donc pas toujours des conséquences insignifiantes. Cette propriété a été observée pour la première fois par E. Lorenz [LORENZ, 1963] sur son modèle météorologique. Elle est connue sous le nom populaire d'effet papillon.

Remarque

L'un des défauts que l'algorithme R.A NMJ devrait soulever était la création de la population initiale associée à un mot de passe quelconque (processus I). L'utilisation des transformées basées sur des fonctions à trois états, a permis la résolution de ce problème. La contribution des bits d'un mot de passe à cette population dépend des paramètres de la classe à trois états, la longueur en bits du mot de passe et la longueur des blocs Data des individus.

5.4.1 Justification du choix des caractéristiques de la classe à trois états

Avant d'entamer l'étude du comportement chaotique du R.A NMJ, nous justifions en première partie le choix de la plateforme qui se fait lors de la création de la population initiale. L'observateur permet la transition du mot de passe vers les Bloc Data des individus de la population initiale. La forme générale $G = [X, Y, Z, T]$ et les éléments de $\mathbf{D}_X$, $\mathbf{D}_Y$, $\mathbf{D}_Z$ et $\mathbf{D}_T$ associées authentifiant l'ensemble des observateurs impliqués.

La version originale du R.A NMJ, utilise une classe de fonctions à trois états définie sur :

$$\mathbf{D}_X = |2 : 7|, \ \mathbf{D}_Y = |1 : 6|, \ \mathbf{D}_Z = |2 : 7|, \ \mathbf{D}_T = |1 : 5|$$

avec 16 caractères comme taille de Bloc Data de chaque individu et, dans ce cas, régénère une population de 2160 individus, puisque les valeurs de $\mathbf{D}_X$, $\mathbf{D}_Y$, $\mathbf{D}_Z$ et $\mathbf{D}_T$ déterminent le nombre d'individus de la population qui vaut : 1080 = (7-2+1).(6-1+1).6.5, et que cette version parcourt à chaque état le mot de passe dans les deux sens, ceci implique une multiplication par deux de la taille de la population, ce qui donnera 2160 individus.

Dans cette partie, on s'intéresse à l'étude d'une classe réduite de fonctions à trois états : la détermination de la divergence entre deux populations en prenant comme critère la distance entre ces deux populations (définition 5.2), car elle permet de traiter une masse réduite d'informations et permettra de voir les détails qui n'apparaissent pas lorsqu'on choisit une classe plus grande. Cette classe a les propriétés suivantes :

1) Définie sur : $D_X = |2:4|$, $D_Y = |4:6|$, $D_Z = |4:6|$ et $D_T = |3:5|$

2) La taille du bloc Data de chaque individu est de trois caractères.

3) On itère 100 fois le processus III de l'algorithme R.A NMJ.

Remarques
- Le choisir une population réduite avec des individus de taille de Bloc Data faible a été fait afin de simuler des conditions extrêmes.
- L'objectif est l'étude de la capacité du système à amplifier les différences entre des mots de passe très fortement corrélés. D'où on s'est intéressé au 100 premières itérations du processus III.
- Le processus II a été ignoré afin de permettre le traitement de taille réduite de données.
- La classe des fonctions utilisées, définie par les éléments des ensembles D_X, D_Y, D_Z et D_T, permet de déterminer le nombre des individus de la population, qui est égal à 162 individus.

5.4.2 Contribution des bits du mot de passe

Cette partie a pour but d'étudier la contribution des bits du mot de passe à la régénération des Bloc Data des individus de la population initiale. Le fait d'utiliser des transformées basées sur des fonctions à trois états α, β et λ, dont l'état β correspond à une ignorance systématique d'un nombre de bits, ce qui légitime cette étude. On remarque que seul la longueur des mots de passe et les paramètres de la classe de fonction influencent sur cette distribution.

Les courbes **U1**, **U2**, **U3**, **U4** et **U5** de la figure suivante représentent les contributions des bits associées respectivement aux mots de passe de longueur 64, 128, 256, 512 et 1024 bits. L'axe des abscisses représente les bits de mot de passe, l'axe des ordonnées correspond au nombre de contributions des bits dans les Bloc Data.

59

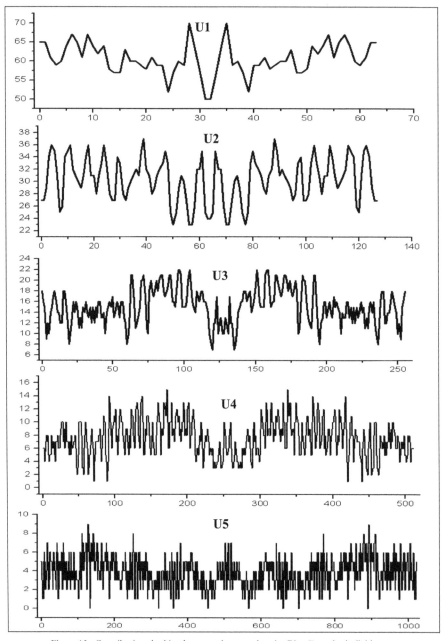

Figure 13 : Contribution des bits des mots de passe dans les Bloc Data des individus.

Remarques

- La somme totale des Bloc Data (la taille du Bloc Data multipliée par le nombre des individus de la population) de tous les individus est égale, dans ce cas, à 3888 bits, une distribution équiprobable sur les bits des 5 mots de passe testés de longueur respective 64, 128, 256, 512 et 1024 bits donnera respectivement, 3888/64=60.75, 3888/128=30,375, 3888/256=15,1875, 3888/512=7,59375 et 3888/1024=3,796875.
- La symétrie présentée dans cette distribution est due au parcourt, lors de la création de la population initiale, du mot de passe dans les deux sens pour chaque observateur donné.
- Les courbes **U1, U2, U3, U4** et **U5**, associées respectivement aux mots de passe de longueur 64, 128, 256, 512 et 1024 bits, présentent une contribution presque équiprobable des différents bits des mots de passe.

Dans ce qui suit, on étudiera la sensibilité de l'algorithme R.A NMJ aux conditions initiales.

5.4.3   Premier test : Mot de passe de 8 caractères

En régime chaotique, la distance entre deux trajectoires initialement proches tend à augmenter avec une vitesse exponentielle, puis à se stabiliser lorsque la distance atteint une valeur limite de l'ordre du diamètre de l'attracteur. Étant donné une précision sur les mesures, le temps que mettent deux conditions initiales dont la distance à l'origine est de l'ordre de cette précision constitue l'horizon prédictif du système. Les exposants dits de Lyapunov permettent de mesurer ce taux de divergences.

Dans un premier temps, nous allons étudier l'évolution du système par rapport à des mots de passe fortement corrélés. Soit les mots de passe : M1= "bbbbbbbb", M2= "cbbbbbbb", M3= "bcbbbbbb", M4= "bbcbbbbb", M5= "bbbcbbbb", M6= "bbbbcbbb", M7= "bbbbbcbb", M8= "bbbbbbcb" et M9= "bbbbbbbc". On constate que la transition de M1 vers les Mi, avec $1<i<10$, est de $\varepsilon = 1/64 = 0,015625$, car :

- les mots de passe ont une longueur de 8 octets, donc 64 bits.
- et comme 'b' et 'c' ont respectivement pour représentation binaire 1100010 et 1100011 ce qui entraîne une erreur de 1/64.

Le premier test a pour objectif d'étudier la sensibilité du système à la position de l'erreur, dans ce cas l'erreur est de 1/64. Le tableau suivant dresse les résultats de l'évolution de la distance entre la population P1 associée au mot de passe M1 et celles créés par Mi, avec $1<i<10$.

		P1&P2	P1&P3	P1&P4	P1&P5	P1&P6	P1&P7	P1&P8	P1&P9
Initial	V1	34	56	66	59	59	66	56	63
	V2	1.6 %	1.44 %	1.69 %	1.51 %	1.51 %	1.69 %	1.44 %	1.6 %
IT 1	V1	1244	1312	1294	1247	1208	1300	1266	1343
	V2	31.99 %	33.74 %	33.28 %	32.07 %	31.06 %	33.43 %	32.56 %	34.54 %
IT 2	V1	1903	1882	1895	1843	1737	1877	1843	1879
	V2	48.94 %	48.40 %	48.73 %	47.40 %	44.67 %	48.27 %	47.40 %	48.32%
IT 3	V1	1964	1961	1936	1896	1915	1882	1907	1907
	V2	50.51 %	50.43 %	49.79 %	48.76 %	49.25 %	48.40 %	49.04 %	49.04 %

Tableau 4.1 : L'évolution de la distance entre les populations deux à deux

Pi : représente la population associée au mot de passe Mi.
ITi : représente la $i^{ème}$ itération.

V1(k) : est la distance de Hamming, à la $k^{\text{ème}}$ itération, entre les deux populations **P1** et **Pi**. Cette distance permet le calcul des exposants de Lyapunov, qui mesurent le taux de divergence des individus des deux populations [Manneville, 2003].

V2 : est le pourcentage des bits différents entre les deux populations. Comme la masse génétique de chaque population est égale à **M**= 3888 bits, alors **V2**=**V1**/3888.

Le graphe suivant donne l'évolution de l'exposant de Lyapunov qui vaut $Log\big(V1(k)\big)$ en fonction de k.

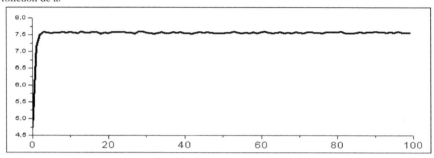

Figure 14 : Evolution de l'exposant de Lyapunov

L'axe des abscisses représente les itérations du processus III, l'axe des ordonnées représente les valeurs de $Log(V1(k))$ où k indique l'itération en question. Les P1&Pi (1<i<10) évoluent de la même manière. On constate une convergence rapide de la courbe vers la valeur de $\lambda = 7.5$ qui correspond au plus grand exposant de Lyapunov.

Remarques

- Une bonne évaluation de la stabilité globale d'un système dynamique passe par l'évaluation des exposants de Lyapunov qui donnent la dilatation moyenne de chacun des axes propres à une hyper-sphère définie dans l'espace des phases [Hilborn, 1994].
- La mesure du plus grand exposant de Lyapunov nécessite d'itérer la dynamique du modèle pour deux conditions initiales très proches, et de mesurer au bout d'un temps fini la distance entre ces deux trajectoires. Pour que ce calcul soit valable, il faut bien sûr que ces deux conditions initiales soient situées à proximité de l'attracteur.

5.4.4   Variation de la distance entre les mots de passe

Lors du premier test la valeur de ε était fixée à 0.016, dans cette partie on étudiera la sensibilité du système à des valeur plus faibles, les mots de passe choisis, pour un ε donné :

1. Ils ont la même longueur T.
2. Seule le $8^{\text{ème}}$ bit qui est modifié.
3. Les mots de passe ont des entropies de plus en plus faibles.

Pour ε = 0,0052 : les mots de passe utilisés sont de 24 caractères :
- M1= 'bbbbbbbbbbbbbbbbbbbbbbbb'
- M2= 'cbbbbbbbbbbbbbbbbbbbbbbb'

Pour ε = 0,0026 : les mots de passe utilisés sont de 48 caractères :
- M1= 'bbbbbbbbbbbbbbbbbbbbbbbbbbbbbbbbbbbbbbbbbbbbbbbb'
- M2= 'cbbbbbbbbbbbbbbbbbbbbbbbbbbbbbbbbbbbbbbbbbbbbbbb'

Pour ε = 0,0017 : les mots de passe utilisés sont de 71 caractères :
- M1= 'bbbbbbbbbbbbbbbbbbbbbbbbbbbbbbbbbbbbbbbbbbbbbbbbbbbbbbbbbbbbbbbbbbbbbbbbbbb'
- M2= 'cbbbbbbbbbbbbbbbbbbbbbbbbbbbbbbbbbbbbbbbbbbbbbbbbbbbbbbbbbbbbbbbbbbbbbbbbbb'

Pour ε = 8.8028e-004 : les mots de passe utilisés sont de 142 caractères :

- M1= 'bbbbbbbbbbbbbbbbbbbbbbbbbbbbbbbbbbbbbbbbbbbbbbbbbbbbbbbbbbbbbbbbbbbbbbbbbbbbbbbbbbbbbb
bbbbbbbbbbbbbbbbbbbbbbbbbbbbbbbbbbbbbbbbbbbbbbbbbbbbbb'
- M2= 'cbbbbbbbbbbbbbbbbbbbbbbbbbbbbbbbbbbbbbbbbbbbbbbbbbbbbbbbbbbbbbbbbbbbbbbbbbbbbbbbbbbbbbb
bbbbbbbbbbbbbbbbbbbbbbbbbbbbbbbbbbbbbbbbbbbbbbbbbbbbbb'

Le tableau suivant dresse les résultats de l'évolution de la distance entre deux populations associées aux deux mots de passe M1 et M2 de même taille T, en fonction de la valeur de ε.

	$\varepsilon = 0,005$		$\varepsilon = 0.0026$		$\varepsilon = 0.0017$		$\varepsilon = 0.00088$	
Initial Ms0=3888	22	-1.99	3	-3.98	11	-2.68	1	-5.08
	0.56 %	3.09	0.07 %	1.09	0.28 %	2.39	0.02 %	0
ET1 Ms1=3888	398	0.89	313	0.65	1172	1.97	315	0.66
	10.2 %	5.96	8.05 %	5.74	30.1 %	7.06	8.10 %	5.75
ET2 Ms2=3888	1457	2.19	1466	2.20	1881	2.45	1506	2.22
	37.4 %	7.28	37.7 %	7.29	48.3 %	7.53	38.3%	7.31
ET3 Ms3=3888	1919	2.47	1853	2.43	1914	2.46	1840	2.42
	49.3 %	7.55	47.6 %	7.52	49.2 %	7.55	47.3 %	7.51

Tableau 4.3 : L'évolution de la distance entre les populations deux à deux

PI : représente la population initiale.

ETi : représente la $i^{\text{ème}}$ itération.

V1 : représente la distance de Hamming entre deux populations.

V2 : le pourcentage des bits différents entre les deux populations **V2=V1/Mi**.

	ε	
ETi	V1	V3
Mi	V2	V4

Msi : est la taille des bloc Data des individus de la population à l'itération **i**.

V3 : l'exposant de Lyapunov pour les individus $V3 = Log(V1\ N)$ où N est le nombre des individus de la population.

V4 : l'exposant de Lyapunov pour les deux populations $V4 = Log(V1)$.

Remarques

- Pour interpréter la valeur **V2**, on considère deux suites binaires aléatoires S1 et S2, donc la probabilité d'un bit de S1 ou de S2 soit égale à 0 ou soit égal à 1 est **0.5**. Ainsi la probabilité pour que le $k^{\text{ème}}$ bit de S1 soit égal au $k^{\text{ème}}$ bit de S2 est égal à **0.5**. Ce qui donnera 0.5 comme valeur optimale pour **V2**, valeur approchée dès les premières itérations. Cette valeur est plus significative que **V3** et **V4** puisqu'elle ne dépend ni du nombre d'individus de la population, ni de la taille du bloc Data, contrairement à **V3** qui dépend de la taille des individus et de **V4** qui dépend en plus de leur nombre.
- Le tableau suivant présente les résultats obtenu en utilisant la version original de l'algorithme R.A NMJ. Qui se caractérise par les valeurs : $\mathbf{D_X}= |\,2:7\,|$, $\mathbf{D_Y}= |\,1:6\,|$, $\mathbf{D_Z}= |\,2:7\,|$ et $\mathbf{D_T}= |\,1:5\,|$ Avec 16 octets comme taille du Bloc Data des 2160 individus, la taille de ce dernier ce double trois fois lors du processus II pour arriver à une population avec des individus ayant des blocs Data de 128 octets.

	$\varepsilon = 0,005$		$\varepsilon = 0.0026$		$\varepsilon = 0.0017$		$\varepsilon = 0.00088$	
Initial	1459	-0.39	666	-1.17	499	-1.46	247	-2.16
Ms0=276480	0.52 %	7.28	0.24 %	6.05	0.18 %	6.21	0.089 %	5.5
IT1	214782	4.59	208742	4.57	208446	4.56	187937	4.46
Ms1=552960	38.84 %	12.27	37.74 %	12.24	37.69 %	12.24	33.98 %	12.14
IT2	550685	5.54	549936	5.53	551153	5.54	550519	5.54
Ms2=1105920	49.79 %	13.21	49.72 %	13.21	49.83 %	13.21	49.77%	13.21
IT3	1106136	2.47	1104510	6.23	1105961	6.23	1105876	6.23
Ms3=2211840	50.00 %	13.91	49.93 %	13.91	50.00 %	13.91	49.99 %	13.91
IT4	1105900	6.23	1104823	6.23	1106413	6.23	1104222	6.23
Ms4=2211840	49.99 %	13.91	49.95 %	13.91	50.02 %	13.91	49.92 %	13.91
IT5	1105213	6.23	1105017	6.23	1106747	6.23	1105601	6.23
Ms5=2211840	49.96 %	13.91	49.95 %	13.91	50.03 %	13.91	49.98 %	13.91

Tableau 4.2 : L'évolution de la distance entre les populations deux à deux

Comme on peut le constater on atteint une sensibilité aux perturbations de l'ordre de $1/\text{Ms0} = 1/276480 \approx 3 \cdot 10^{-6}$ est ceci sans aucune modification. Puisque chaque bit qui arrive à passer au processus II influencera impérativement l'évolution du système.

	ε	
ITi	V1	V3
Mi	V2	V4

5.5 Sensibilité aux perturbations au voisinage d'un attracteur

La première partie de ce chapitre, consacrée à l'étude du comportement chaotique de l'algorithme R.A NMJ, a pour but d'analyser sa sensibilité aux conditions initiales, les résultats des tests ont démontré une grande sensibilité aux conditions initiales, ces résultats ont donné sens à l'étude des caractéristiques chaotiques de l'algorithme R.A NMJ. Dans ce paragraphe, nous nous intéressons à l'étude de la sensibilité aux perturbations au voisinage d'un attracteur. Cette caractéristique est d'une importance cruciale dû fait que : plus le système est sensible aux perturbations au voisinage d'un attracteur plus la prédiction est difficile. Dans ce cas, même une très faible erreur d'estimation, qui peut être vue comme une perturbation, peut entraîner des résultats totalement différents garantissant ainsi une forte indécidabilité pour le système en question, en d'autre terme il suffit de mal estimé un des paramètres du système, et ceci même au voisinage d'un attracteur, pour avoir une divergence entre l'état réel et l'état estimé du système, le problème majeur est lié à la détermination des attracteurs du système, chose indispensable afin de mesurer la sensibilité aux perturbations du système à leurs voisinages. Les attracteurs du système que l'algorithme R.A NMJ simule sont difficiles à déterminer à cause de la non-maîtrise du fonctionnement du système. Pour palier à cette contrainte on adopte la procédure suivante :

1. On part d'une population créée à partir d'un mot de passe quelconque.

2. On fait itérer le processus III un grand nombre de fois.

3. On injecte une perturbation au système.

Remarques

✓ Le chois de l'état initial (le mot de passe et la population associée) doit avoir une influence minimale lors de l'étude de la sensibilité aux perturbations du système au voisinage d'un attracteur, d'où la nécessité de faire itérer le processus III un grand nombre de fois (10^6 itérations dans nos tests), afin de permettre aux fonctions du système (fonction d'accouplement et fonction d'ordre) de permettre au système de diminuer l'impact de l'état initial, ce qui permet ainsi aux attracteurs du système de faire surface.

✓ L'ignorance du processus II est due au fait que ce dernier double la taille des individus à chaque itération ce qui élargie l'espace d'existence des individus d'une façon exponentielle.

5.5.1 Les caractéristiques de la population

Dans cette partie, on s'intéresse à l'étude de l'évolution d'une population ayant les propriétés suivantes :
1) le mot de passe est " bbbbbbbb" : le choix du mot de passe est arbitraire puisque le fait d'étirer 1 000 000 fois le processus III déminera massivement la dépendance du système des conditions initiales.

2) La classe utilisée pour créer la population initiale est définie par : $D_X = |2:4|$, $D_Y = |4:6|$, $D_Z = |5:6|$ et $D_T = |4:5|$.

3) La taille du bloc Data de chaque individu est de deux caractères (au lieu de 3 caractères pour les tests de la sensibilité aux conditions initiales).

4) On itère un million de fois le processus III de l'algorithme R.A NMJ.

5) On injecte une perturbation au système et on calcule la divergence de la population perturbée par rapport à une population de référence.

6) On s'intéresse à la divergence des deux populations dans les 500 itérations après l'injection de la perturbation

5.5.2 Les perturbations au voisinage des attracteurs

Dans ces tests deux types de perturbation ont été définies : Le changement de l'état d'un ensemble de bits des Bloc Data des individus à un instant donné : afin de permettre une robustesse au test on fixe le nombre de bits à modifier à un seul bit. Modifier un seul bit des Bloc Data des individus de la population correspond à une modification de 0.086 % des Bloc Data (cette valeur dépend du nombre des individus (Nb_ind) et de la taille des Bloc Data (T_bd) des individus de la population en question : $(Nb\_ind \cdot T\_bd)^{-1} = (72 \cdot 16)^{-1}$). Le deuxième test est lié à la répartition des individus les uns part rapport aux autres à un instant donné, une répartition qui évolue à l'aide de la fonction d'ordre, de ce fait deux types de perturbation ont été testés :

• Le changement d'un bit dans le Bloc Data d'un individu donné : ce test permet d'étudier l'influence du changement d'un seul bit du Bloc Data d'un individu donné et d'étudier l'influence de ce changement sur l'évolution du système. Le changement de la position d'un individu donné : ce test permet d'étudier l'influence du changement de la position d'un seul individu sur l'évolution du système.

5.5.2.a Changement de bit

Les fonctions d'accouplement I et II sont les seules capables de modifier les Bloc Data des individus d'une population donnée. Ce test a pour objectif d'étudier l'influence du changement d'un bit sur l'évolution de la population et ceci en se référant à une population de référence. Le choix du bit à modifier $(0 \rightarrow 1)$ ou $(1 \rightarrow 0)$ est fait arbitrairement, puisqu'il suffit de donner l'indice de l'individu et l'indice du bit du Bloc Data à modifier. A titre d'exemple, les deux figures qui suivent présentent respectivement les résultats de la modification du 5ème bit du Bloc Data de l'individu d'indice 20.

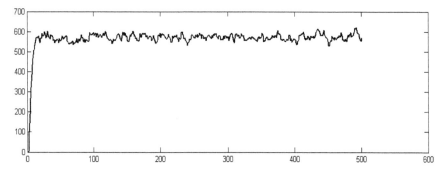

Figure 15 : Evolution de la distance entre les deux populations suite au changement de l'état d'un bit

L'axe des abscisses représente les itérations du processus III (500 itérations) après changement du bit 5 de l'individu 20, l'axe des ordonnées représente la distance entre les deux populations, perturbée et de référence, se stabilise et converge vers la moitié de la somme des longueurs des Bloc Data des individus de l'une des deux populations (qui sont égales).

La figure suivante présente l'évolution de l'exposant de Lyapunov après avoir changé l'état un bit du Bloc Data d'un individus.

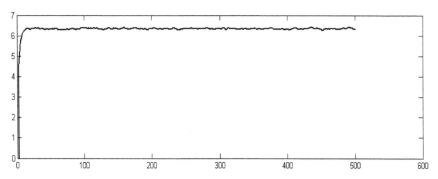

Figure 16 : Evolution de l'exposant de Lyapunov suite au changement de l'état d'un bit

On constate une convergence rapide de la courbe vers la valeur de $\lambda = 6.3475$ qui correspond au plus grand exposant de Lyapunov.

5.5.2.b   Changement de position

La fonction d'ordre, se charge de camoufler la distribution des individus, à un instant donné, les uns part rapport aux autres et ceci en appliquant une suite de décalage-déplacement et ceci en fonction des Bloc Control des deux individus en conflit. On signal que seul les Bloc Control de ses deux derniers seront redéfinie et que les Bloc Control des individus décalés restent impact. Ce test analysera l'influence du changement de la position d'un individu sur le système.

66

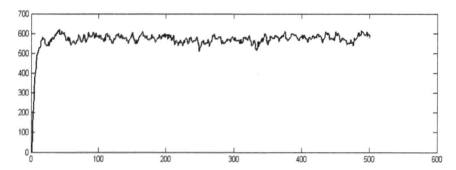

Figure 17 : Évolution de la distance entre les deux populations suite au changement de position d'un individu donné

L'axe des abscisses représente les itérations du processus III (500 itérations), l'axe des ordonnées représente la distance entre les deux populations. On remarque que, le système ce stabilise et converge vers la moitié de la somme des longueurs des Bloc Data des individus de l'une des deux populations.

La figure suivante présente l'évolution de l'exposant de Lyapunov après avoir changé la position d'un individu donné.

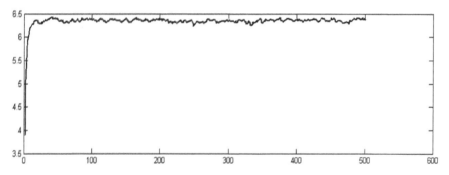

Figure 18 : Évolution de l'exposant de Lyapunov suite au changement de la position d'un individu donné

Remarque

Ces deux tests permettent une évaluation explicite de la vulnérabilité de ce cryptosystème. Mais ils sont loin d'être non corrélés du fait que le processus III, qui sera étiré, n'est d'autre qu'une succession d'appel de la fonction d'ordre et de la fonction d'accouplement II. Ainsi une perturbation de la distribution des individus entraînera, tôt au tard[8], l'accouplement de deux individus, un accouplement dû à la propagation de cette perturbation initiale.

Pour qu'une trajectoire soit chaotique ou instable, il faut qu'au moins un de ses exposants de Lyapunov soit positif. En fait, dans le cas qui nous intéresse, il suffit de considérer l'exposant le plus grand pour conclure sur la stabilité d'une trajectoire.

---

[8] Ceci dépend du nombre des individus qui accouplent lors d'une itération du processus III

5.6 Conclusion

Les résultats obtenus montrent que R.A NMJ est un système chaotique très sensible à l'état initial et engendre un effet d'avalanche très élevé. Cette sensibilité permet la non réduction de l'espace de recherche lors d'une attaque exhaustive par énumération des mots de passe.

Comprendre comment le système amplifie ses perturbations imposera de suivre l'évolution du système à travers les divers processus. Le processus I ne fait que correspondre au mot de passe la population d'individu correspondante. Les processus II et III propagent ses perturbations de deux manières différentes :

Faible propagation : il se contente de doubler à chaque itération la taille des bloc Data des individus, en plus chaque individu affecté affectera son conjoint lors de l'accouplement, qui va aussi contaminer d'autres.

Forte propagation : dès que l'un de ses bits affectés arrive au bloc de contrôle de l'individu en question. Trois cas sont possibles :

- Lorsque le **sous bloc d'accouplement** est affecté, ceci modifiera les paramètres de la fonction d'accouplement ce qui donnera naissance à des individus perturbateurs, qui entraîneront une grande déviation des deux populations.

- Le **sous bloc de priorité** perturbera la distribution des individus de la population, ce changement de position imposera, lors de la fonction l'accouplement, des couples différent ce qui impliquera une déviation des deux populations.

- Le **sous bloc de contribution** : (processus III seulement) a cette échelle cette perturbation influencera le choix de la fonction à trois états qui sera utilisé pour la contribution de l'individu au masque, sans aucune perturbation de système.

Les résultats obtenus montrent que l'R.A NMJ est un système chaotique très sensible à l'état initiale et engendre un effet d'avalanche très élevé. Cette sensibilité permet la non réduction de l'espace de recherche lors d'une attaque exhaustive par énumération des mots de passe.

L'étude du comportement chaotique du R.A NMJ n'est pas achevé, puisqu'il reste à déterminer les attracteurs de ce dernier et d'étudier leurs caractéristiques en fonction du nombre des individus, de la taille de leurs Bloc Data et des paramètres des classes de fonctions à trois états utilisées dans les divers étapes.

CHAPITRE 6 :

ETUDE DES CARACTERISTIQUES DES SUITES BINAIRES REGENEREES PAR L'ALGORITHME R.A NMJ

6.1   Introduction

6.2   Le choix du mot de passe

6.3   Description des Tests
6.3.1.   Test de marche aléatoire
    6.3.1.a   Test de la somme cumulée
    6.3.1.b   Test de marche aléatoire
6.3.2   Test de répétition
6.3.3   Test d'oscillation
6.3.4   Tests en fréquence
6.3.5   Recherche de séquences prédéfinies
    6.3.5.a   Recherche de séquence sans superposition
    6.3.5.b   Recherche de séquences avec superposition
6.3.6   Test de compression de Lempel-Ziv
6.3.7   Test universel de Maurer
6.3.8   Test de complexité linéaire
6.3.9   Test matriciel

6.4   Résultats des Tests

6.5   Conclusion

6.1 Introduction

Nous commençons ce chapitre en précisant les différents tests utilisés à l'évaluation des suites binaires régénérées par l'algorithme R.A NMJ. Cette évaluation sera faite à l'aide de la série de tests développés par le NIST[9] **National Institute of Standards and Technology** (Institut national des standards et de la technologie), détaillée dans la publication spéciale du NIST 800-2[10], et dont une description précise et une implémentation sont disponibles sur le site web du NIST[11].

Premièrement, nous justifions le chois des suites à évaluer en présentant quelque caractéristiques du mot de passe choisi pour initialiser le régénérateur, qui sera suivi par une description des tests appliqués sur cette suite. Nous finissons ce chapitre par la présentation des résultats des tests sur la suite régénérée.

---

[9] NIST : Le National Institute of Standards and Technology (Institut national des standards et de la technologie), aussi connu sous le sigle NIST, est une agence du département américain du commerce. Son but est de promouvoir l'économie en développant des technologies, la métrologie et des standards de concert avec l'industrie.

[10] NIST SP 800-22. "A Statistical Test Suite for the Validation of Random Number Generators and Pseudo Random Number Generators for Cryptographic Applications". NIST Special Publication 800-22, 2000. National Institute of Standards and Technology.

[11] Le code C++ de la plateforme des testes statiques du NIST est disponible sur le site : http://csrc.nist.gov/rng/

6.2 Le choix du mot de passe

Le mot de passe permet de définir totalement l'évolution du l'algorithme R.A NMJ. Ainsi pour les tests, nous avons choisi un mot de passe un peu spécial dont la longueur de son signal primitif est égale à 1.

Le mot de passe choisi est le caractère ayant comme présentation binaire "11111111" donc son signal primitif est "1", qui ne présente aucune transition d'état $(0 \rightarrow 1$ ou $1 \rightarrow 0)$ correspond a un cas exceptionnel et qui représente une limite à la fonction de création de population initial associée à cette classe de mot de passe. Ainsi si on associe à X la représentation binaire "11111111" alors tous les éléments de la classe des mots de passe définies par {X, XX, XXX, …} seront associés à la même population initiale.

Remarques

- On remarque que la longueur du mot de passe n'a aucun rôle dans le cas où la suite binaire associée ne présente aucune transition d'état.
- Il existe une autre classe ayant le même comportement et qui a comme signal primitif "0" ainsi si Y a comme représentation binaire "00000000" alors la classe des mots de passe définie par {Y, YY, YYY, …} aura la même population initial et ceci indépendamment du mot de passe.
- Il est impératif de comprendre que ce comportement est dû au fait que les suites binaires associées à ces deux classes de mot de passe ne présentent aucun changement d'état, et que le fait d'avoir une seule transition d'état impliquera des populations initiales différentes.

Ainsi, pour l'évaluation des caractéristiques statistiques des suites binaires régénérées, nous avons analysé les premiers 1 giga bits régénérés à partir du mot de passe ayant la représentation binaire "11111111".

6.3 Description des Tests

Le NIST (**National Institute of Standards and Technology**) a mis sur son site web à la disposition du comité scientifique, une plateforme de tests simple à utiliser. Cette librairie implémente 16 tests différents dont les tests de normalité classique comme le test de fréquence global et par blocs, test de répétition, test de rang de la matrice binaire, test spectral (calcul de la transformée de Fourier discrète), test de la complexité linéaire, test universel de Maurer, le test de l'entropie et le test de la complexité de Lempel-Ziv.

6.3.1   Test de marche aléatoire

6.3.1.a Test de la somme cumulée

Le premier de ces tests concerne la distance maximale atteinte par la suite [Chung, 1979, Pitman, 1993]. Pour la calculer, le programme transforme tout d'abord la suite pour la coder sur (-1, 1). Il calcule ensuite les sommes partielles. Par exemple pour la suite 01011110011011 codée par (-1, 1, -1, 1, 1, 1, 1, -1, -1, 1, 1, -1, 1, 1) les sommes partielles calculées sont successivement --1, 0, -1, 0, 1, 2, 3, 2, 1, 2, 3, 2, 3, 4. La distance maximale atteinte par la suite est donc 4. On note que cette distance n'a aucune raison d'apparaître pour la dernière somme. D'autre part, la distance est évidemment calculée en valeur absolue. Deux test sont en réalité envisageable, soit en partant de gauche à droite, comme dans l'exemple précédent, soit en sens inverse : sur la même suite, les sommes partielles calculées sont alors : 11, 2, 1, 2, 3, 2, 1, 2, 3, 4, 5, 4, 5, 4. On compare ces résultats à ce qui serait attendu d'une suite aléatoire : la distance maximale ne doit pas être trop

70

grande, car elle indiquerait une mauvaise répartition des 0 et des 1. Mais elle ne doit pas non plus être trop faible, car cela indiquerait au contraire que les 0 et les 1 sont « trop bien mélangés ».

6.3.1.b Test de marche aléatoire

Ce test calcule comme le précédent les sommes partielles de la suite codée sur (-1, 1). Cependant le test s'intéresse cette fois à la distribution du nombre de visite de chaque palier. Le test sépare la suite selon ces cycles : un cycle est une succession de valeur pour lesquelles la somme partielle commence à 0 et termine à 0 (avec des valeurs non nulles entre les deux zéros). Dans chaque cycle, le programme compte le nombre de fois où les valeurs -4 à -1 et 1 à 4 sont atteintes par la somme partielle (le choix de ces seules valeurs s'explique par des raisons de place mémoire principalement). Pour chacune de ces 8 valeurs v, le programme compte le nombre de cycles $C_v(k)$ où la valeur v apparaît k fois avec k variant de 0 à 4. Le programme en déduit alors le nombre de cycles ou la valeur v apparaît 5 fois au moins.

6.3.2 Test de répétition

Un moyen de détecter un écart à l'aléatoire idéal est d'observer la distribution de la longueur des plus grandes séries consécutives de 1 [David, 1963, Revesz, 1990, Godbole, 1994]. Pour cela, la suite est découpée en blocs disjoints. On observe alors, sur chaque bloc, la longueur de la plus grande série consécutive de 1. Comme les probabilités des longueurs maximales en fonction de la proportion de 1, la longueur totale de la suite sont connues, on utilise un test du Chi_2[12] pour comparer la distribution observée à celle qui serait attendue dans une suite parfaitement aléatoire. On peut cependant se demander pourquoi avoir choisi la série particulière de 1 pour effectuer ce test. En effet, cette séquence a la même probabilité d'apparaître que n'importe quelle autre. Toutefois, c'est la série la plus simple à repérer dans une suite et un défaut dans leur répartition implique également un défaut dans la répartition des plus longues séries consécutives de 0 : si la longueur maximale de ces séries est par exemple 3, en supposant une répartition équitable des 1 et des 0, la longueur maximale des séries de 0 ne pourra être très grande. L'hypothèse de répartition équitable peut être vérifiée grâce aux tests de fréquence, c'est une des raisons pour laquelle ces tests bien que triviaux doivent être faits avant tous les autres.

6.3.3 Test d'oscillation

L'objectif de ce test [Abramowitz, 1967, Maclaren, 1993, Knuth, 1998] est de savoir si le nombre d'oscillations entre les valeurs 0 et 1 correspond à peu près à celui qui serait attendu dans une suite aléatoire. Cette valeur dépend de la proportion de 1 dans la suite (qui doit être proche de 1/2). Ainsi pour une proportion de 1 valant p dans une suite de longueur n (la proportion de 0 vaut alors 1-p) on attend un nombre d'oscillations de 1 vers 0 proche de $n.p.1-p$ (pour chacune des valeurs il y a une probabilité p que ce soit un 1 et un probabilité 1-p que la valeur suivante soit un 0, comme les deux événements sont indépendants la probabilité des deux réunis est le produit des probabilités). De manière symétrique, on attend $n.(p-1).p$ oscillations de 0 vers 1 soit un total de $2.n.p.(1-p)$ oscillations. Pour calculer le nombre d'oscillations on regarde simplement si $X_n = X_{n+1}$, si c'est le cas on compte une oscillation et on compare X_{n+1} et X_{n+2}, sinon on passe directement à la comparaison suivante.

---

[12] Le test du Chi2 consiste à mesurer l'écart entre une situation observée et une situation théorique et d'en déduire l'existence et l'intensité d'une liaison mathématique. Par exemple, en théorie il y a autant de chance d'obtenir «pile » que «face» au lancer d'une pièce de monnaie, en pratique il n'en est rien. Le Chi2 mesure alors l'écart entre la distribution théorique (une chance sur 2) est celle observée à la suite des lancements successifs.

6.3.4 Tests en fréquence

Pour savoir si une suite issue d'un générateur est une suite aléatoire il faut évidemment commencer par regarder si chaque valeur possible de la suite apparaît de façons équiprobables. Dans une suite binaire, il faut donc regarder s'il y a autant de 0 que de 1. Une première étape consiste donc en une observation globale de la suite pendant laquelle on compte les 0 et les 1. On compare ensuite les résultats à ceux que produirait un aléa « idéal», ici une proportion 50/50. Un autre test en fréquence est toutefois nécessaire pour jauger un générateur, car sinon une suite du type "111... " n fois suivie de "000... " n fois qui n'est pas aléatoire apparaîtrait comme correct. Un moyen de détecter ce type d'erreur consiste en un découpage de la suite en tronçons étudiés séparément avec le test en fréquence décrit précédemment. Un écart trop important sur un tronçon en comparaison à l'aléa idéal permet de conclure que le générateur n'est pas aléatoire. Cependant, il faut faire très attention dans le choix de la taille des tronçons : elle doit être choisie en fonction de la taille totale de la suite. Elle ne doit pas être trop grande, au risque de retomber dans le même problème qu'avec la suite entière, mais elle ne doit pas être trop petite pour avoir une réelle signification : sur une suite de 1 million des blocs de 10 sont beaucoup trop petits et des blocs de 1000 sont trop grands. Il faut donc choisir une taille autour de 100. Par contre sur une suite de 1 milliard des blocs de 100 risquent d'être un peu petit ! Ainsi le test en fréquence prend toute sa signification lorsqu'il est appliqué sur des parties en rapport avec le test (avec des nombres en base 10, comme il y a 5 fois plus de valeurs possibles, il faudrait choisir des blocs environ 5 fois plus grand que pour des valeurs binaires).

Il existe enfin un troisième type de test en fréquence. Celui-ci n'observe plus la suite bit à bit mais par séquence. Il prend un paramètre m et complète la suite pour la rendre « circulaire » : si la suite originale s'écrit $(x_1...x_n)$, il la complète pour obtenir $(x_1...x_n,x_1...x_{m-1})$. Ce test se base sur le fait que toutes les séquences d'une longueur m donnée ont la même probabilité d'apparaître dans la suite. Plus précisément chacune à une probabilité de $1/2^m$ d'apparaître. Le test calcul alors les fréquences des séquences de longueur m, m-1 et m-2 et compare ensuite ces valeurs avec des résultats théoriques. Un écart trop important implique que certaines séquences apparaissent trop fréquemment (au détriment d'autres qui apparaissent trop rarement). Ce test se rapproche donc du test en fréquence mais aussi du test de recherche de séquences non superposées.

6.3.5 Recherche de séquences prédéfinies

Deux tests distincts ont pour but la recherche de séquences prédéfinies dans la suite testée. Ils prennent chacun en paramètre la longueur de ces séquences. Le premier recherche des séquences disjointes [Barbour, 1992] tandis que dans le second, les séquences recherchées peuvent être superposées [Chrysaphinou ,1988, Johnson, 1996]. Comme le premier test recherche une liste de séquences prédéfinies (le programme utilise des fichiers où sont stockées des listes de séquences classées par taille), le second ne recherche qu'une séquence, choisie par l'utilisateur. Comme toutes les séquences ont la même probabilité d'apparaître et pour simplifier la programmation, on choisit une séquence simple comme une suite de 0 ou une suite de 1.

6.3.5.a Recherche de séquence sans superposition

Pour chaque séquence prédéfinie de la longueur choisie, le programme parcourt la suite du début à la fin. Lorsqu'il rencontre une séquence qui correspond, il incrémente un compteur (pour savoir en fin de parcours combien de fois la séquence a été rencontrée) puis, si la séquence se trouve entre les indices j et j+k (k est alors la longueur des séquences prédéfinies) le programme examine ensuite les indices entre j+k+1 et j+2*k+1. Si la séquence entre les indices j et j+k ne correspond pas à celle recherchée, le programme examine ensuite les indices j+1 à j+k+1. Ainsi le compteur contient en fin de parcours le nombre d'occurrences de la séquence recherchée ne se recouvrant pas. Les séquences prédéfinies sont choisies pour une taille donnée, pour représenter les

72

séquences que l'on peut considérer comme aléatoires. Si leurs occurrences dans la suite sont trop nombreuses ou au contraire trop rares, on conclut que la suite n'est pas aléatoire. On détecte ainsi un générateur où les valeurs seraient sorties « par bloc » : au lieu de générer une suite de nombres aléatoires, il génère une suite aléatoire de séquences aléatoires de nombres. L'intérêt de ce test est de voir si le générateur produit certaines séquences trop fréquemment. Si c'est le cas, la suite devient prédictible par un observateur extérieur (il repère par exemple les 4 premières valeurs d'une séquence et en déduit des probabilités sur quelques valeurs suivantes ; une recherche exhaustive bien menée lui permettra alors de « casser » le code pour ces quelques valeurs). Au contraire si certaines séquences sont trop rares, l'observateur extérieur sait que leurs probabilités d'apparition sont faibles. Il privilégiera donc plutôt les autres séquences (qui elles doivent apparaître plus fréquemment puisque la somme des fréquences vaut 1).

6.3.5.b Recherche de séquences avec superposition

Ici, on ne s'intéresse qu'à une séquence de k 1 successifs (k étant un paramètre fixé par l'utilisateur), mais il faut garder à l'esprit que cette séquence n'a été choisie que pour simplifier la programmation du test. En effet n'importe quelle autre séquence pourrait être prise à la place et le choix de cette séquence particulière ou d'une autre séquence ne modifie en rien les résultats du test (puisqu'elles sont toutes équiprobables). La raison pour laquelle une seule séquence est examinée est simplement le fait que le test précédent (de recherche de séquences sans superposition) examine déjà en ensemble représentatif de séquences. Le programme de test parcourt donc la suite et compte au fur et à mesure qu'il avance le nombre d'occurrences de la séquence recherchée. La seule différence de procédé par rapport au test précédent et que, quelle que soit la séquence entre les indices j et j+k le programme examine après cette séquence celle située entre les indices j+1 et j+k+1. Ainsi les occurrences peuvent se superposer, c'est-à-dire qu'une valeur de la suite peut appartenir à deux occurrences différentes : c'est le cas par exemple, pour une longueur de 5 lorsqu'on rencontre plus de six 1 successifs. Comme pour le test précédent, si la séquence apparaît trop souvent ou trop rarement, le test conclut que la suite n'est pas aléatoire.

6.3.6 Test de compression de Lempel-Ziv

Un moyen majeur de détection d'une suite aléatoire est d'observer la façon dont elle peut être compressée sans perte d'informations. En effet, les algorithmes de compression sans pertes utilisent des répétitions de séquences, appelées mots, pour économiser de la place : au lieu de stocker chaque octet, l'algorithme crée une table (un dictionnaire) de mots auxquels sont associés leurs occurrences dans le fichier. S'il n'y a aucune répétition, non seulement le gain de place est nul, mais il y a en réalité perte de place à cause de l'en-tête du fichier où sont stockées des informations nécessaires à la décompression. Ainsi lors de la compression d'une séquence aléatoire, aucune place significative ne doit être gagnée.

Le test de Lempel-Ziv [Ziv, 1977, Aldous, 1988, Maurer, 1992, Kirschenhofer, 1994] ne procède pas à la compression « effective » de la suite. Il utilise directement l'algorithme de Lempel-Ziv, mais il s'arrête à la création du dictionnaire. Celui-ci est créé de façon légèrement différente puisque toute la suite lui sert de base et que les mots ont une longueur quelconque. Il n'y a donc aucun paramètre à fixer pour ce test. Par ailleurs le dictionnaire ne stocke aucune valeur associée aux mots : en effet la valeur significative de ce test est cette fois le nombre de mots générés. Voici, sur un exemple, comment le dictionnaire est généré. La suite considérée est la suivante : 010110010. Le programme examine le premier bit et décide que c'est un nouveau mot. Il examine le second bit et, comme il ne l'a pas rencontré avant, décide que c'est un nouveau mot. Il examine le bit suivant et, comme a déjà rencontré un mot commençant par ce bit, il continue jusqu'à former un mot nouveau ; il va donc jusqu'au bit 4 pour former le mot 01. Le programme parcours ainsi la suite jusqu'à la fin. Les mots du dictionnaire sont dans ce cas : 0, 1, 01, 10, 010. Cependant, il faut noter que des lacunes théoriques en empêchent l'utilisation avec des longueurs de suites quelconques (on ne possède de données que pour n = 1 million). Il est également recommandé d'utiliser un générateur pour générer la suite. Des travaux sont en cours pour permettre l'utilisation d'autres générateurs et d'autres tailles. L'implémentation de ce test utilise donc les valeurs théoriques disponibles. Si on souhaite tester d'autres générateurs ou des suites de longueurs différentes, cela reste évidemment possible, mais l'interprétation des résultats devient plus complexe, notamment en cas « d'échec » : celui-ci peut être dû au générateur ou simplement aux données théoriques qui ne sont pas adaptées au générateur.

6.3.7 Test universel de Maurer

Le principe de ce test [Ziv, 1990, Maurer, 1992, Gustafson, 1994, Menezes, 1996, Coron, 1998] est de mesurer l'écart entre deux mots identiques dans la suite. Pour cela, le test prend deux paramètres : la longueur des mots L et le nombre de mots utilisés pour créer le dictionnaire Q. Le programme parcourt la suite et commence par créer un dictionnaire avec les Q premiers mots. Celui-ci contient la position de la dernière occurrence du mot (on peut donc considérer que le dictionnaire est un tableau à 2 colonnes : dans la première se trouve le mot et dans la seconde se trouve sa position de la dernière occurrence). Le parcours du reste de la suite permet de mettre à jour les positions des dernières occurrences et de calculer une valeur qui servira pour déterminer si la suite est aléatoire ou pas grâce à une comparaison avec des valeurs théoriques (on dispose de tables dans des livres comme le « Handbook of Applied Cryptography ») [Menezes, 1996]. Cette valeur est la somme des logarithmes en base deux des écarts entre deux occurrences consécutives du même mot (écart calculé grâce à la position de la dernière occurrence, stockée dans le dictionnaire).

On admettra que si ce test est passé avec succès alors tous les tests statistiques classiques (test en fréquence, test de répétition etc) le seront également. Cependant, ce test nécessite des suites relativement longues pour que le résultat soit significatif. Par ailleurs, le programme prend un temps exponentiel en L ce qui empêche de tester de trop grandes valeurs de L.

6.3.8 Test de complexité linéaire

L'objet de ce test [Rueppel, 1986, Gustafson, 1994, Menezes, 1996] est de calculer la longueur de LFSR minimum capable de générer des blocs de la suite. Cette longueur est la complexité linéaire de la suite, notée L_n où n représente la longueur de la suite. Si cette longueur est trop petite, on conclut que la séquence n'est pas aléatoire. Pour effectuer ce calcul, le programme prend un paramètre M (ce test nécessite des valeurs de M relativement grandes pour être significatif : typiquement entre 500 et 5000) et coupe la suite en blocs de longueur M. Grâce à l'algorithme de Berlekamp-Massey, qui permet de trouver un LFSR générant une suite donnée, on obtient la complexité linéaire de chaque bloc. On compare ensuite la moyenne de ces complexités à des valeurs qu'on obtiendrait avec une suite idéalement aléatoire puis on combine l'écart à la moyenne avec M pour obtenir une variable T. La nécessité de cette variable vient directement du fait que la complexité linéaire d'une suite des complexités linéaires de suites paires ou impaires converge. On crée donc la variable T de manière tout à fait artificielle de telle façon que la limite ne dépend plus de la parité (concrètement, on introduit pour cela un facteur $(-1)^m$). On discrétise ensuite cette variable T sur 6 valeurs : on partage l'ensemble des valeurs possibles de T sur 6 intervalles, si T tombe dans le $k^{ième}$ intervalle, on lui donne la valeur k. C'est sur ces valeurs discrétisées que le test est effectué (on utilise ici un test du Chi2).

6.3.9   Test matriciel

Le principe de ce test [Kovalenko, 1972, Marsaglia, 1985] est d'observer s'il y une dépendance linéaire entre différents blocs de la suite. On considère donc des blocs de la suite comme une matrice carrée, c'est-à-dire comme un ensemble de lignes (ou colonnes) de longueur fixe et égale au nombre total de lignes formées (il faut donc prendre des blocs de longueur égale à un carré parfait). Par exemple pour un bloc de longueur 4 on considère que c'est 2 lignes de longueur 2, pour un bloc de 100 on considère que c'est 10 lignes de longueur 10. Pratiquement, le choix ne se porte pas sur la longueur du bloc mais sur celle des lignes (ce qui évite d'avoir à savoir si la valeur choisie est bien un carré parfait). Le test prend donc en paramètre un entier n et découpe la suite en blocs de n^2 éléments, eux mêmes découpés en n lignes de n éléments. Comme la matrice obtenue ne contient que des 0 et des 1, des résultats précis sont connus sur les probabilités des différents rangs possibles de la matrice. Il suffit alors de comparer les résultats statistiques avec ces valeurs pour savoir si la suite est bien aléatoire. La raison de ce test est que certains générateurs utilisent des registres à décalage avec rétroaction, qui génèrent des valeurs aux caractéristiques statistiques excellentes mais dont le défaut est la linéarité : avec quelques valeurs, on peut facilement déterminer quel est l'algorithme de génération.

6.4   Résultats des Tests

Cette partie présente les résultats de l'analyse des suites régénérées par l'algorithme R.A NMJ. La classe de fonction à trois des états α, β et λ utilisé est définie par :

$$D_X = |2:7|, \ D_Y = |1:6|, \ D_Z = |2:7|, \ D_T = |1:5|$$

Le programme du test permet aux utilisateurs de fixer le nombre de suites ainsi que leur longueur. Dans notre cas nous avons choisi 1024 suites, avec une longueur de 1048576 bits pour chaque suite, ce qui donne 1Gigabit = 1073741824 bits au total. Il offre aussi la possibilité de choisir les tests à appliquer sur les suites binaires avec possibilité de changer valeurs par défauts des tests paramétrables. Après avoir fixé la taille, le nombre de suites et les tests à effectuer, le programme entame l'analyse, à la fin, le logiciel NIST Statistical Test Suite permet, une visualisation graphique des résultats des tests les plus pertinents. La figure suivante présente, à titre d'exemple, les résultats de trois tests, afin de permettre au lecture d'évaluer les résultats de notre générateur. La courbe **I** représente un échec du test appliqué, la courbe **II** présente une réponse plus au moins favorable du faite que la seconde moitié des suites réussie le test, en d'autre termes, les premières suites associées à la courbe **II** présentent un échec qui sera rattrapé par la suite. La courbe **III** représente une bonne réponse on parle ici d'une réussite totale du test en question.

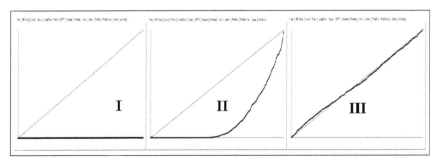

Figure 19 : Interprétation des résultats du logiciel NIST Statistical Test Suite

Remarques

- Le graphe précédent facilitera l'interprétation des résultats des tests d'une manière simple et qui ne demande pas de connaissances approfondies du fait que les figures ne présentent aucune valeur numérique qui nécessiterait des connaissances préliminaires afin de les interpréter.

Le logiciel NIST Statistical Test suite permet, à la fin de l'analyse, une visualisation graphique

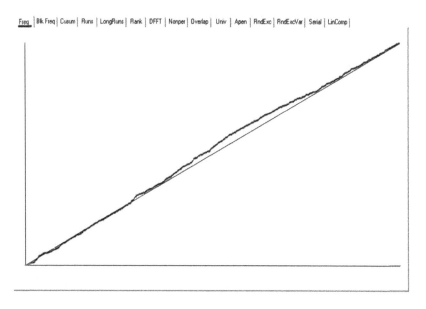

Figure 20 : Frequency (Monobit) Test

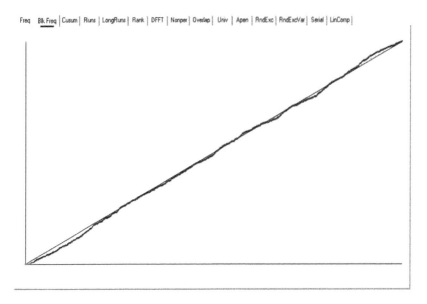

Figure 21 : Frequency Test within a Block

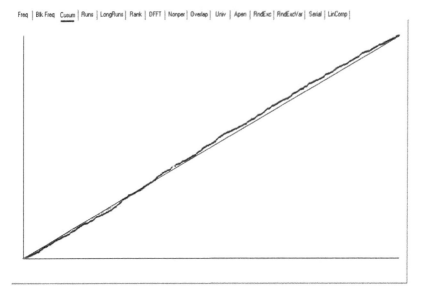

Figure 22 : Cumulative Sums (Cusum) Test

Freq | Blk Freq | Cusum | <u>Runs</u> | LongRuns | Rank | DFFT | Nonper | Overlap | Univ | Apen | RndExc | RndExcVar | Serial | LinComp |

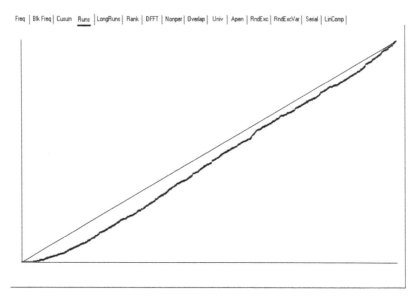

Figure 23 : Runs Test

Freq | Blk Freq | Cusum | Runs | <u>LongRuns</u> | Rank | DFFT | Nonper | Overlap | Univ | Apen | RndExc | RndExcVar | Serial | LinComp |

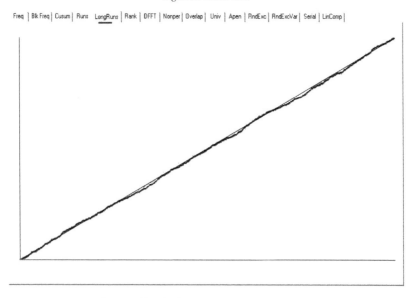

Figure 24 : Test for the Longest Run of Ones in a Block

Freq | Blk Freq | Cusum | Runs | LongRuns | Rank | DFFT | Nonper | Overlap | Univ | Apen | RndExc | RndExcVar | Serial | LinComp |

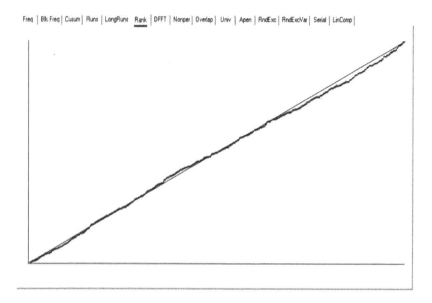

Figure 25 : Binary Matrix Rank Test

Freq | Blk Freq | Cusum | Runs | LongRuns | Rank | DFFT | Nonper | Overlap | Univ | Apen | RndExc | RndExcVar | Serial | LinComp |

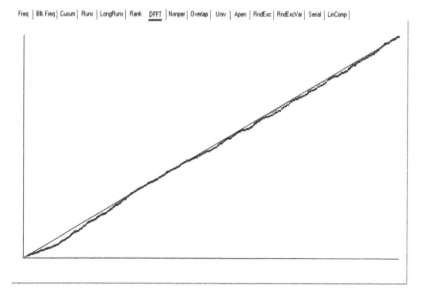

Figure 26 : Discrete Fourier Transform (Spectral) Test

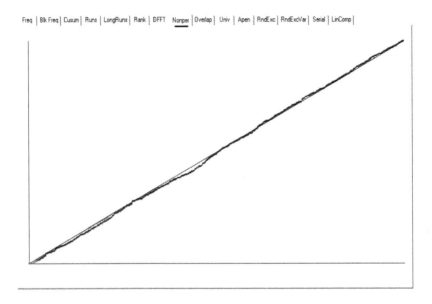

Figure 27 : Non-overlapping Template Matching Test

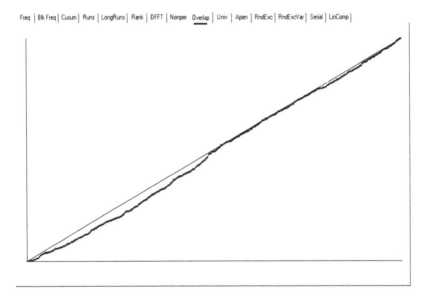

Figure 28 : Overlapping Template Matching Test

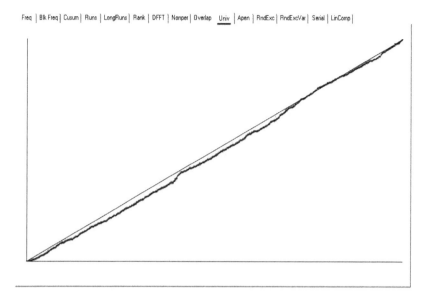

Figure 29 : Maurer's "Universal Statistical" Test

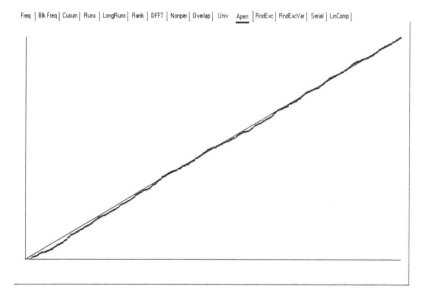

Figure 30 : Approximate Entropy Test

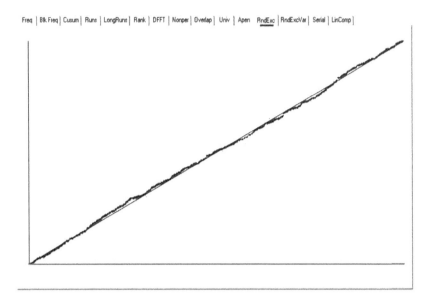

Freq | Blk Freq | Cusum | Runs | LongRuns | Rank | DFFT | Nonper | Overlap | Univ | Apen | RndExc | RndExcVar | Serial | LinComp |

Figure 31 : Random Excursions Test

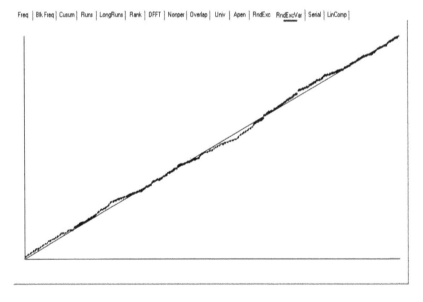

Freq | Blk Freq | Cusum | Runs | LongRuns | Rank | DFFT | Nonper | Overlap | Univ | Apen | RndExc | RndExcVar | Serial | LinComp |

Figure 32 : Random Excursions Variant Test

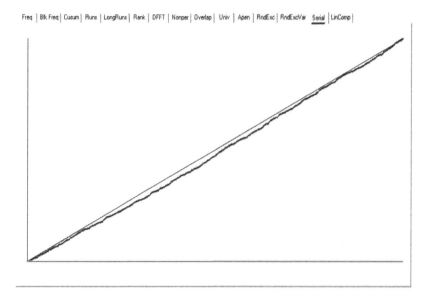

Figure 33 : Serial Test

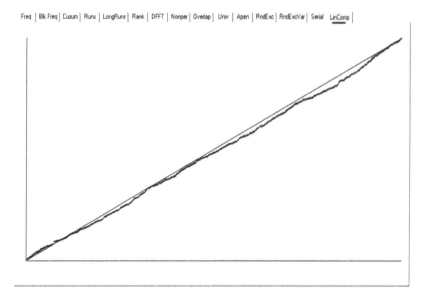

Figure 34 : Linear Complexity Test

6.5   Conclusion

Ce chapitre a été consacré à l'analyse des suites binaires régénérées par l'algorithme R.A NMJ, le choix de la suite utilisé pour évaluer ce régénérateur influence sur la crédibilité des résultats trouvés, ainsi une justification du choix du mot de passe a été faite, suivi d'une description des testes les plus pertinents, après ce rappel, nous avons terminé ce chapitre par dresser les résultats obtenus par le NIST Statistical Test.

CONCLUSION

Dans cette thèse, nous présentons un nouveau algorithme qu'on appel R.A NMJ, qui s'inspire des algorithmes évolutionnistes en l'occurrence les algorithmes génétiques, dont l'objectif est la régénération de suites binaires cryptographiquement sûres associées à un mot de passe donné. L'algorithme R.A NMJ est conçu de telle façon qu'a chaque mot de passe, le système lui fait correspondre une suite binaire cryptographiquement sûre.

L'algorithme R.A NMJ composé de trois processus créera, lors du processus I, la population initiale à partir du mot de passe, qui sera évoluée lors du processus II. Le processus III, itératif, régénérera à chaque itération une suite binaire où tous les individus de la population contribueront, suite qui sera X-orée au message clair, engendrant ainsi le cryptogramme. Le destinataire, muni d'un générateur identique, déchiffre le message reçu en lui appliquant la même opération.

Malgré que l'algorithme R.A NMJ s'inspire largement des algorithmes évolutionnistes, cependant, il n'a rien à avoir avec les problèmes d'optimisations qui ont fait la gloire de cette classe d'algorithmes, puisque il n'a aucune fonction à optimiser, ce qui fait que tous les individus ont la même fitness (ou une fitness variable). Ce qui a imposé la définition d'une méthode de sélection sans fitness que nous appelons fonction d'ordre, qui a pour rôle la production d'une nouvelle distribution des individus de la population. Nous rappelons aussi que l'une des nouveautés de cette approche, est la structure adoptée aux individus, ainsi chaque individu est composé de deux blocs : Bloc Data qui est le bloc statique de l'individu et Bloc Control. La reproduction des Bloc Data des individus de la population se fait à travers deux fonctions d'accouplement I et II, la fonction d'accouplement I permet à chaque itération du processus II, de doubler la taille des Bloc Data de tous les individus, la fonction d'accouplement II opère, lors du processus III, sur moins de 5% des individus de la population et elle ne modifie pas la taille des Bloc Data.

Arborer de tel comportement quelque soit le mot de passe a nécessité la définition de nouvelle fonction adaptée aux objectifs de notre problème. Mais avant de redéfinir les fonctions d'évolution de la population, il fallait trouver un mécanisme qui permettrait d'associer à un mot de passe une population initiale tout en garantissant une forte sensibilité aux conditions initiales.

La première contrainte majeure était d'associer à un mot de passe de taille quelconque une population des individus, plus ou mois hétérogène, tout en garantissant un fort effet d'avalanche. Ainsi nous avons définie des nouvelles transformées basées sur les fonctions à trois états α, β et λ à trois états, dont la plus grande caractéristique est l'association d'une ignorance systématique à l'état β. L'introduction de ses fonctions a permis de définir des classes de fonction qui seront utilisées par l'algorithme R.A NMJ à plusieurs reprises : lors de la création de la population initiale et lors de la contribution des individus. Les fonctions et les classes de fonctions à trois états ont une importance cruciale dans l'étude de la vulnérabilité de l'algorithme R.A NMJ. La définition d'une métrique sur l'ensemble des fonctions à trois états a permis le calcul de matrice de distance associée aux classes des fonctions. L'analyse de ses matrices a permis de faire une estimation de la complexité collective de ses classes.

La qualité des suites binaires régénérées par l'algorithme R.A NMJ testées à l'aide du NIST Statistical Test, nous a motivé afin de mieux comprendre la dynamique qui permet de satisfaire les rigueurs tests du NIST. Nous rappelons que l'objectif de ce travail est d'approfondir les comportements apériodiques complexes des algorithmes évolutionnistes a l'aide des nouvelles transformées basées sur les fonctions et les classes de fonctions à trois états dissipatives avec compensation. La non linéarité, la non injectivité des fonctions W_G et la dissipation associée à l'état β, qui sera compensée par la fonction W_G elle même, viennent s'accumuler. Les résultats obtenus montrent que R.A NMJ est un système chaotique très sensible aux conditions initiales et engendre un effet d'avalanche très élevé même pour des faibles erreurs d'estimations. Cette sensibilité permet la non réduction de l'espace de recherche lors d'une attaque exhaustive par énumération des mots de passe.

ANNEXES

ANNEXE 1 :

RESULTATS DETAILLES DES TESTS APPLIQUES A LA SUITE BINAIRES REGENEREE PAR L'ALGORITHME R.A NMJ

Il est important de signaler que Le logiciel NIST Statistical Test Met à la disposition de l'analyste des fichiers biens détailler sur les caractéristiques statistiques de sa suite et ceci dans le répértoire suivant : "..\Sts-1.7\Release\experiments\AlgorithmTesting " avec " Sts-1.7" est le répertoire de votre application, le nombre de fichier régénérer varie en fonction des tests choisi et du nombre et la longueur des suites analysées, dans notre cas, a titre d'exemple, le programme à régénérer 224 fichiers.

Nous avons choisi de mettre ici deux fichiers que nous jugeons les plus importants :
Le premier est le fichier "AlgorithmTesting.inf " il garde la trace des testes, des paramètres utilisé et des caractéristiques des suites utilisées.

Le fichier "AlgorithmTesting.inf " :

Generator=0	CuSum=TRUE
DataMode=0	Runs=TRUE
LenSeq=1048576	LongRuns=TRUE
NumSeq=1024	Rank=TRUE
BlkFreqBlkLen=128	DFFT=TRUE
AperiodicBlkLen=9	NonPeriodic=TRUE
OverlappingBlkLen=9	Overlapping=TRUE
UnivBlkLen=7	Universal=TRUE
UnivSteps=1280	Apen=TRUE
ApenBlkLen=10	RandomExcursions=TRUE
SerialBlkLen=16	RandomExcursionsVar=TRUE
LinCompSeqLen=500	Serial=TRUE
Frequence=TRUE	LinearComplexity=TRUE
BlockFrequence=TRUE	

Le seconde fichier est le Fichier: "finalAnalysisReport" :

RESULTS FOR THE UNIFORMITY OF P-VALUES AND THE PROPORTION OF PASSING SEQUENCES

C1	C2	C3	C4	C5	C6	C7	C8	C9	C10	P-VALUE	PROPORTION	STATISTICAL TEST
107	100	94	102	85	90	107	126	105	108	0.243598	0.9834	frequency
125	89	96	106	103	95	104	105	86	115	0.205682	0.9756	block-frequency
114	107	91	92	94	103	97	104	104	118	0.606527	0.9844	cumulative-sums
107	90	112	78	99	97	104	114	110	113	0.220023	0.9844	cumulative-sums
188	100	95	87	92	90	103	107	86	76	0.000000 *	0.9482 *	runs
105	102	110	97	103	101	112	102	95	97	0.975447	0.9834	longest-run
113	90	105	92	118	98	126	103	99	80	0.051552	0.9873	rank
130	95	82	103	119	100	100	101	102	92	0.066882	0.9873	fft

118 102 97 111 88 102 93 105 102 106 0.688008 0.9805   nonperiodic-templates
124 89 112 111 100 111 110 98 92 77 0.050274 0.9717   nonperiodic-templates
107 117 104 104 111 93 88 97 99 104 0.698104 0.9873   nonperiodic-templates
130 126 108 108 90 100 95 99 91 77 0.005412 0.9795   nonperiodic-templates
108 91 89 108 108 87 105 115 100 113 0.430066 0.9912   nonperiodic-templates
 98 102 99 101 103 97 87 102 115 120 0.580152 0.9863   nonperiodic-templates
122 92 114 100 99 94 93 105 96 109 0.457418 0.9834   nonperiodic-templates
132 117 108 79 82 109 117 126 75 79 0.000005 * 0.9746   nonperiodic-templates
 99 108 110 89 101 98 106 108 103 102 0.945714 0.9932   nonperiodic-templates
 97 86 97 115 107 112 114 100 85 111 0.278407 0.9893   nonperiodic-templates
102 107 111 108 86 110 109 91 100 100 0.712161 0.9873   nonperiodic-templates
 82 120 101 94 92 112 111 95 109 108 0.224590 0.9834   nonperiodic-templates
121 119 91 114 88 95 95 90 107 104 0.139296 0.9873   nonperiodic-templates
114 100 107 95 108 120 101 79 117 83 0.054539 0.9863   nonperiodic-templates
 93 108 113 102 116 109 94 92 94 103 0.639161 0.9805   nonperiodic-templates
120 93 96 118 105 94 103 101 94 100 0.510619 0.9775   nonperiodic-templates
121 107 98 98 96 95 100 94 117 98 0.538103 0.9873   nonperiodic-templates
123 96 101 97 100 99 104 103 105 96 0.784067 0.9873   nonperiodic-templates
 98 102 85 104 106 95 112 104 112 106 0.757442 0.9834   nonperiodic-templates
120 99 96 116 93 99 108 103 92 98 0.542069 0.9824   nonperiodic-templates
115 112 117 106 105 106 85 94 95 89 0.286615 0.9805   nonperiodic-templates
117 103 103 94 103 81 125 101 98 99 0.180201 0.9883   nonperiodic-templates
117 100 119 96 111 116 77 92 86 110 0.030887 0.9844   nonperiodic-templates
116 98 120 114 88 102 106 104 101 75 0.068120 0.9863   nonperiodic-templates
118 114 100 116 108 100 79 99 99 91 0.170755 0.9824   nonperiodic-templates
119 97 102 102 83 98 114 106 95 108 0.421147 0.9834   nonperiodic-templates
114 112 88 108 98 111 101 104 88 100 0.572081 0.9854   nonperiodic-templates
124 96 108 98 106 107 101 114 83 87 0.154782 0.9824   nonperiodic-templates
117 108 98 121 91 94 97 103 105 90 0.364960 0.9863   nonperiodic-templates
133 101 113 85 93 127 83 107 91 91 0.001673 0.9717   nonperiodic-templates
103 96 110 101 100 109 99 95 103 108 0.982173 0.9883   nonperiodic-templates
110 111 106 101 105 91 94 113 96 97 0.809752 0.9834   nonperiodic-templates
108 77 107 108 102 102 106 100 106 108 0.556020 0.9854   nonperiodic-templates
104 104 90 89 115 102 111 109 109 91 0.560024 0.9922   nonperiodic-templates
111 100 109 115 106 97 94 94 103 95 0.823934 0.9844   nonperiodic-templates
106 99 107 110 90 95 109 97 113 98 0.827418 0.9854   nonperiodic-templates
111 110 110 99 103 108 94 100 96 93 0.889578 0.9814   nonperiodic-templates
111 102 95 121 116 96 103 103 86 91 0.289389 0.9775   nonperiodic-templates
 98 105 104 97 89 106 97 95 120 113 0.592301 0.9844   nonperiodic-templates
113 105 88 94 91 118 113 120 90 92 0.112890 0.9863   nonperiodic-templates
112 114 103 91 108 94 108 112 90 92 0.504800 0.9873   nonperiodic-templates
112 122 93 114 110 83 102 109 87 92 0.092564 0.9922   nonperiodic-templates
109 93 105 113 81 110 94 115 94 110 0.273030 0.9834   nonperiodic-templates
107 98 102 103 98 120 97 95 104 100 0.871719 0.9844   nonperiodic-templates
117 93 116 114 91 87 101 92 107 106 0.267731 0.9854   nonperiodic-templates
123 109 87 105 107 98 98 95 104 98 0.500934 0.9824   nonperiodic-templates
102 88 97 100 102 110 112 90 112 111 0.637119 0.9902   nonperiodic-templates
112 105 117 110 91 99 117 93 81 99 0.182140 0.9863   nonperiodic-templates
126 116 110 87 106 91 105 102 93 88 0.104092 0.9844   nonperiodic-templates
101 97 120 103 96 112 94 105 97 99 0.757442 0.9854   nonperiodic-templates
106 109 112 90 105 117 104 93 102 86 0.468595 0.9805   nonperiodic-templates

131 124 91 97 91 91 93 99 96 111 0.026736 0.9766 nonperiodic-templates
107 104 101 115 112 99 104 92 99 91 0.806148 0.9805 nonperiodic-templates
110 97 101 94 98 97 105 97 104 121 0.757442 0.9863 nonperiodic-templates
105 107 108 87 116 94 115 98 105 89 0.437274 0.9854 nonperiodic-templates
104 116 95 97 108 102 104 98 110 90 0.809752 0.9834 nonperiodic-templates
124 106 88 107 95 104 104 101 90 105 0.424702 0.9805 nonperiodic-templates
113 112 97 76 96 103 112 93 116 106 0.151407 0.9873 nonperiodic-templates
112 102 104 109 90 115 106 95 88 103 0.622832 0.9834 nonperiodic-templates
104 106 92 110 123 103 102 82 110 92 0.232760 0.9834 nonperiodic-templates
130 97 126 108 90 109 97 90 85 92 0.011407 0.9883 nonperiodic-templates
108 103 106 119 110 91 94 95 92 106 0.594330 0.9814 nonperiodic-templates
111 113 116 86 101 102 90 108 101 96 0.479900 0.9814 nonperiodic-templates
107 113 98 97 99 107 106 99 87 111 0.797039 0.9844 nonperiodic-templates
100 106 110 106 107 81 120 78 111 105 0.084168 0.9893 nonperiodic-templates
106 94 118 96 110 119 95 106 81 99 0.204610 0.9854 nonperiodic-templates
110 110 88 114 103 92 112 89 106 100 0.493241 0.9824 nonperiodic-templates
113 97 114 95 95 115 92 94 111 98 0.532171 0.9844 nonperiodic-templates
117 104 108 102 95 110 89 104 102 93 0.720145 0.9893 nonperiodic-templates
117 91 111 95 103 90 115 93 94 115 0.287999 0.9844 nonperiodic-templates
102 107 102 88 98 101 103 109 98 116 0.842769 0.9863 nonperiodic-templates
112 105 93 110 105 97 103 92 95 112 0.809752 0.9854 nonperiodic-templates
129 109 113 100 88 92 122 107 87 77 0.003916 0.9863 nonperiodic-templates
131 99 127 111 92 93 97 81 105 88 0.004966 0.9756 nonperiodic-templates
118 102 97 111 88 102 93 105 102 106 0.688008 0.9805 nonperiodic-templates
107 104 101 114 104 101 108 99 87 99 0.876297 0.9873 nonperiodic-templates
97 101 90 97 104 97 120 100 110 108 0.700118 0.9912 nonperiodic-templates
122 89 113 95 115 104 102 108 91 85 0.148917 0.9834 nonperiodic-templates
122 110 110 100 97 91 102 100 98 94 0.588247 0.9863 nonperiodic-templates
127 98 104 97 103 106 105 95 92 97 0.481796 0.9795 nonperiodic-templates
112 97 86 118 96 107 107 104 98 99 0.598392 0.9873 nonperiodic-templates
108 114 97 100 88 97 103 117 110 90 0.487504 0.9795 nonperiodic-templates
120 116 95 103 94 101 95 99 97 104 0.628954 0.9775 nonperiodic-templates
118 97 115 106 94 97 94 95 96 112 0.546044 0.9805 nonperiodic-templates
117 94 107 102 96 99 102 112 97 98 0.842769 0.9814 nonperiodic-templates
121 87 111 134 106 83 101 90 105 86 0.003860 0.9756 nonperiodic-templates
107 112 106 88 101 102 128 78 106 96 0.064862 0.9805 nonperiodic-templates
113 117 110 108 100 99 87 92 108 90 0.396728 0.9902 nonperiodic-templates
102 110 107 104 85 121 87 102 102 104 0.389906 0.9893 nonperiodic-templates
112 109 104 108 102 106 90 101 92 100 0.879308 0.9873 nonperiodic-templates
109 101 92 102 97 99 112 101 115 96 0.851055 0.9824 nonperiodic-templates
113 99 101 85 123 109 99 94 103 98 0.366591 0.9854 nonperiodic-templates
89 125 89 99 93 125 97 107 99 101 0.086716 0.9883 nonperiodic-templates
125 101 96 113 92 101 95 105 91 105 0.386521 0.9844 nonperiodic-templates
133 99 90 105 102 105 113 101 93 83 0.054880 0.9785 nonperiodic-templates
115 95 95 111 90 104 112 100 99 103 0.741879 0.9854 nonperiodic-templates
118 114 97 103 114 112 98 100 96 72 0.068120 0.9746 nonperiodic-templates
104 96 112 90 109 99 108 99 106 101 0.913975 0.9863 nonperiodic-templates
122 118 99 122 75 86 92 97 114 99 0.006605 0.9824 nonperiodic-templates
114 108 98 118 105 118 96 90 93 84 0.173545 0.9766 nonperiodic-templates
104 112 95 96 100 103 107 108 102 97 0.973550 0.9873 nonperiodic-templates
116 102 112 77 97 101 97 94 109 119 0.142443 0.9863 nonperiodic-templates

123	93	82	117	114	95	101	124	81	94	0.006558	0.9854	nonperiodic-templates

```
123  93  82 117 114  95 101 124  81  94 0.006558  0.9854   nonperiodic-templates
111 103 105 115  95 107  88  93  96 111 0.622832  0.9893   nonperiodic-templates
129 118 105  99  98  85  85 100 108  97 0.060988  0.9873   nonperiodic-templates
120  96 107  99 100 102  95 109  98  98 0.818661  0.9834   nonperiodic-templates
105 113 102 109  87 126  95 100  78 109 0.061746  0.9854   nonperiodic-templates
103  84 109 107  97 112  95  85 120 112 0.181168  0.9854   nonperiodic-templates
108 108  81 115  91 105  99 108 101 108 0.459271  0.9824   nonperiodic-templates
115 104 114 115 104  87 118  83  96  88 0.082177  0.9863   nonperiodic-templates
120 105 100 109  99  99 104  97  87 104 0.690030  0.9814   nonperiodic-templates
127  90 111  99  95 106  88 101 109  98 0.235136  0.9824   nonperiodic-templates
106  99 105 118 106 112  92  99  94  93 0.692051  0.9844   nonperiodic-templates
126 101  90  99 119  99 107  94  98  91 0.197232  0.9834   nonperiodic-templates
109 100  94 130  89 102  87  98 108 107 0.143239  0.9863   nonperiodic-templates
105 114  78  95 111 102 110 112  85 112 0.128016  0.9854   nonperiodic-templates
101 124 103  97 100 102 109  89  82 117 0.148917  0.9805   nonperiodic-templates
119  95  98 122  94 112 116  81 101  86 0.038004  0.9814   nonperiodic-templates
145  98  94  90 102 106  99  98  87 105 0.006152  0.9756   nonperiodic-templates
116  91  94 118  92  91 114 108 110  90 0.201421  0.9883   nonperiodic-templates
 96  95 102 112 105  88  97 117 114  98 0.550028  0.9844   nonperiodic-templates
119 113  93 106  99  94  94 100  94 112 0.538103  0.9814   nonperiodic-templates
109 102 104  94  95 103 102  99 109 107 0.982173  0.9873   nonperiodic-templates
122 100  97 101  93 101 109 102  88 111 0.512565  0.9795   nonperiodic-templates
109 111 118  90  92  95  96  87 113 113 0.237530  0.9873   nonperiodic-templates
112 108 101 113 101 101  96 107  99  86 0.765134  0.9814   nonperiodic-templates
104  97 112 115 110 108  89  92  95 102 0.635078  0.9863   nonperiodic-templates
111 105  93  99  99 104  96  85 123 109 0.360093  0.9834   nonperiodic-templates
119 105 100  91 121 109  97  84  89 109 0.132431  0.9814   nonperiodic-templates
122 104  89  86 106 105  93 101 110 108 0.337936  0.9863   nonperiodic-templates
123  92  92  89 119 100 102 101 111  95 0.207839  0.9824   nonperiodic-templates
114 100 120  93  90  93 105 119  98  92 0.231579  0.9854   nonperiodic-templates
127 112 101 103  76 107 117 103 100  78 0.009195  0.9775   nonperiodic-templates
117  97  91 104 108  93  88  97 117 112 0.336389  0.9824   nonperiodic-templates
112 109  99  90  91 109 106 102  92 114 0.618752  0.9834   nonperiodic-templates
112 101 118 109  97 101  94 107  85 100 0.536123  0.9824   nonperiodic-templates
102 110 112 105  96 100  84 110 101 104 0.745791  0.9834   nonperiodic-templates
123 104 106 104 110  97  86 122  76  96 0.026560  0.9766   nonperiodic-templates
112 102 108 102  81 108  86  95 116 114 0.195163  0.9883   nonperiodic-templates
113 116 111 115  97  91  88  89  92 112 0.185081  0.9844   nonperiodic-templates
136  95  98 112 101  93  87  97 113  92 0.031089  0.9727   nonperiodic-templates
 97 111 111 102  99 108  92 111  94  99 0.854318  0.9912   nonperiodic-templates
116  99 115 119  96  93  87 102  96 101 0.333308  0.9883   nonperiodic-templates
112 106 114 105 101 105  94  99  95  93 0.857551  0.9824   nonperiodic-templates
121 101 127  94 112 102 108  85  94  80 0.018906  0.9766   nonperiodic-templates
119 101 122  98  97  98 101  93  99  96 0.478007  0.9844   nonperiodic-templates
119 117  88  87  92 109 104 103  97 108 0.257361  0.9795   nonperiodic-templates
132  98 127 112  90  94  96  82 105  88 0.003696  0.9756   nonperiodic-templates
137 121  90  98  75  99 105 111  98  90 0.001507  0.9756   overlapping-templates
128 107 104  84 114 106  87  89 115  90 0.028931  0.9766   universal
120 100  97  95  97 116  95 100 100 104 0.667711  0.9775   apen
 58  56  74  71  60  63  75  60  77  57 0.403912  0.9846   random-excursions
 74  63  61  56  70  66  63  74  56  68 0.750646  0.9862   random-excursions
```

```
80 59 72 72 68 67 59 52 56 66 0.339393  0.9877  random-excursions
69 75 62 66 71 59 68 56 65 60 0.850095  0.9969  random-excursions
66 58 63 68 67 72 70 61 58 68 0.950837  0.9862  random-excursions
69 71 64 63 61 73 67 54 61 68 0.882011  0.9785  random-excursions
65 77 53 56 79 72 69 61 57 62 0.271514  0.9754  random-excursions
61 68 70 64 62 70 73 66 71 46 0.492887  0.9954  random-excursions
53 64 81 53 55 59 77 66 74 69 0.115387  0.9892  random-excursions-variant
52 65 68 60 69 85 58 63 64 67 0.317915  0.9892  random-excursions-variant
51 67 70 70 66 64 68 67 64 64 0.904182  0.9908  random-excursions-variant
52 63 73 76 63 64 73 58 59 70 0.508020  0.9939  random-excursions-variant
59 67 70 64 72 66 53 57 76 67 0.646729  0.9954  random-excursions-variant
54 73 66 68 72 57 68 63 51 79 0.277824  0.9969  random-excursions-variant
63 57 73 59 65 67 62 69 58 78 0.700892  0.9954  random-excursions-variant
59 63 69 63 75 62 69 54 61 76 0.656334  0.9939  random-excursions-variant
55 66 77 68 72 63 69 63 69 49 0.417635  0.9954  random-excursions-variant
64 68 75 55 58 69 67 56 74 65 0.659533  0.9846  random-excursions-variant
68 70 53 63 58 68 63 70 70 68 0.862759  0.9862  random-excursions-variant
70 54 72 71 54 66 72 68 59 65 0.649932  0.9892  random-excursions-variant
63 73 65 50 77 67 70 52 71 63 0.320255  0.9939  random-excursions-variant
62 68 62 68 74 59 72 68 50 68 0.653133  0.9908  random-excursions-variant
67 71 55 61 73 60 70 76 56 62 0.595549  0.9939  random-excursions-variant
68 71 60 58 68 59 54 68 76 69 0.675500  0.9908  random-excursions-variant
69 60 63 58 53 71 66 71 71 69 0.780663  0.9923  random-excursions-variant
63 65 62 55 61 66 68 69 77 65 0.867692  0.9892  random-excursions-variant
118 104 116 104 92 107 95 93 106 89 0.453721  0.9844  serial
107 107 103 92 109 107 101 106 93 99 0.953326  0.9854  serial
105 115 98 103 108 108 94 122 88 83 0.180201  0.9902  linear-complexity
```

- -

The minimum pass rate for each statistical test with the exception of the random
excursion (variant) test is approximately = 0.980672 for a sample size = 1024
binary sequences.

The minimum pass rate for the random excursion (variant) test is approximately
0.978301 for a sample size = 651 binary sequences.

For further guidelines construct a probability table using the MAPLE program
provided in the addendum section of the documentation.
- -

ANNEXE 2 :

IMPLEMENTATION EN C++ DE L'ALGORITHME R.A NMJ

```
/*********************************************************************/
/*   programme régéner des suite binaires pseudo-aléatoire en se basant */
/*   sur l'algorithme R.A NMJ      30 août 2005            */
/*********************************************************************/
#include <stdio.h>
#include <conio.h>
#include <string.h>
#include <math.h>
#include <stdlib.h>
class  individu;
class  observateur;
class  motPasse;
class  populatI;
FILE  *MASK;
unsigned char *tmpCHAR;
struct  VMm {
 public:
   int min;
   int max;
 int dif() {return( max-min+1); }
};
class motPasse {
  char * S1;
  int  lg;
public :
int      getlg() {return lg;}
char  val(int No,int Nc);
motPasse( char *pS1) {
        S1=pS1;
        lg=strlen(S1);
}
};
char motPasse::val(int No,int Nc) {
if( Nc==0 ) return S1[No%lg];
else return S1[lg-1-No%lg];
}
class  observateur{
  public :
        int x;
        int y;
        int z;
        int t;
        int Ss;        // determine lequel des deux mot de passe
        int pas;        // valeur permis 1,y,t seulement
        int posi;       // modulo(x+y+z+t)
        int Sig;       // sig 1= positive -1=n,gative
        int Lg;    // largeur du bloc Data
   int obs_posi;

        int  SsMP(){return Ss;}

        void ObInit(int px,int py,int pz,int pt,int pSs,int pobs_posi) {
        // doit initialis, les
        x=px-1;y=py;z=pz-1;t=pt;Ss=pSs;
   obs_posi=pobs_posi;
```

93

```
                posi=0;
                Sig =1;
                }
    int getObsPosiInit() {return(obs_posi);}
            int getSig(){ return(Sig); }
            int getPosi() { return(pas);}

void   observateur::Pas() {
            if (posi <x) {
                    Sig=1; // ++++
                    pas=1;
                    posi+=1;
            } else {
                    if (posi == x )  {
                            Sig=0; // ----
                            pas=y;
                            posi+=y;
                    } else {
                        if(posi < x+y+z) {
                            Sig=0; // ----
                            pas=1;
                            posi+=1;
                        } else {
                            Sig=1; // ++++
                            pas=t;
                            posi=0;
                            }
                    }
            }
}
};
class population {
        VMm    x;
        VMm    y;
        VMm    z;
        VMm    t;

        typedef struct{
        individu  * P;
        } table_Round;
table_Round    *TR;
        individu * Lia;
int  Tab_Cont[1024];
int  Tab_posi;
void     create(motPasse & MP, int lgData);
void change_posi(int posi,int pas,int Ss);
void  changebit(unsigned char *D,int pos,int val ){
        (*D)&=~int(pow(2,7-pos));
        if(val!=0)  (*D) |=int(pow(2,7-pos));
}
public :
 int    Nidv;
 void   Ind_cont(int val) {
    if(Tab_posi==1024) {// sauvgarder les donnée dela matrice
            for(int i=0;i<1024;i++)
                fprintf(MASK,"%d",Tab_Cont[i]);
            Tab_posi=0;
            }
    // affecter la nouvelle valeur au bit
  Tab_Cont[Tab_posi]=val%2;
    Tab_posi++;
 }
```

```cpp
void procII(int Nfois);
void procIII(int Nbr);
void ordre();
void init(int m1,int M1,int m2,int M2,int m3,int M3,int m4,int M4){
        x.min=m1;x.max=M1;
        y.min=m2;y.max=M2;
        z.min=m3;z.max=M3;
        t.min=m4;t.max=M4;
    Nidv=x.dif()*y.dif()*z.dif()*t.dif()*2;
}
population(motPasse & MP,int m1,int M1,int m2,int M2,int m3,int M3,int m4,int M4,int lgData){
 Tab_posi=0;
 init(m1,M1, m2, M2, m3, M3, m4,M4);
        create(MP,lgData);
}
};
class individu {
int id;
population *ad_pop;
unsigned char *data;
int Tdata;
unsigned char controle[4];
int age;
void  regenData (motPasse &MP,observateur &ob);
int   lirebit (unsigned char D,int pos);
char  lirechar (motPasse & MP,int posi,int Ss=0);
char  lirechar (unsigned char &MP,int posi);
void  changebi (unsigned char *D,int pos);
void  changebit (unsigned  char *D,int pos,int val );
public:
int getTData() {return Tdata;}
void  Contr();
void  AccI(individu & u);
void  AccII(individu & u);
void   initControl(int);
int get_Age(){ return age; }
void set_Age(int v=0){
    if (v==0)    age=0;
    else age++; }
int Acp_X1(){return(1+ (((controle[0])&192)>>6)); }
int Acp_Y1(){return(1+ (((controle[0])&56)>>3));}
int Acp_X2(){return(1+ (((controle[0])&6)>>1));}
int Acp_Y2(){return(1+ ((((controle[0])&1))<<1 )+(((controle[1])&128)>>7) );}
int Acp_SigX2(){return (((controle[1])&64)==0)?0:1;}
int Acp_SsX(){return (((controle[1])&32)==0)?0:1;}
int Acp_BI(){return (((controle[1])&16)==0)?0:1;}
int Acp_BC(){return (((controle[1])&8)==0)?0:1;}
int Con_X(){ return (5+ (((controle[0])&192)>>6)); }
int Con_Y(){ return (1+ (((controle[0])&48)>>4) ); }
int Con_Z(){ return (5+ ((controle[0]&12)>>2)); }
int Con_T(){ return (1+ ((controle[0]&3))); }
int Con_Ss(){ return (controle[1]&128); }
unsigned int Priorite() {return ( (((int)(controle[1])&7)<<13)+ ((int)(controle[2]))<<5) +((int)(controle[3]))>>3));}
unsigned int Con_posi(){ return( Priorite()); }
~individu()
{  delete data; }
 void individu::init(int id,population *pp,motPasse & mp,observateur & ob,int Td);
};
void  individu::Contr() {
unsigned  int  i;
int  intmp;
```

95

```
observateur ob;
ob.ObInit(Con_X(),Con_Y(),Con_Z(),Con_T(),Con_Ss(),Priorite());
unsigned int  posi=ob.getObsPosiInit();// position du poiteur sur le motdepasse
int  Ss=ob.SsMP(),Newposition;
  for(i=0;i<Tdata*8;){
      posi%=Tdata*8;
       intmp=lirebit(data[posi/8],posi%8);
          if((ob.getSig()!=0))  (intmp==0)?intmp =1:intmp=0;
     (intmp==0)?intmp =0:intmp=1;
       ad_pop->Ind_cont(intmp);

         ob.Pas();
         Newposition=ob.getPosi();
      if(Ss==0)  posi+=Newposition;
         else          posi+=Tdata*8-Newposition;
       i+=ob.getPosi();
   }
set_Age(1);
initControl(Priorite());
}

void  individu::AccII(individu & u) {
int x1,y1,x2,y2,Sigx2,Sigy2,posx,posy,Ssx,Ssy,BIx,BIy,BC;
int  i,T,tmp;
unsigned char *dat1,*Dx,*Dy;
dat1=tmpCHAR;
if( (get_Age()<u.get_Age())||( (get_Age()==u.get_Age()) &&( Priorite() > u.Priorite()))){
x1=Acp_X1();          y1=Acp_Y1();
x2=Acp_X2();          y2=Acp_Y2();
Sigx2=Acp_SigX2();          Sigy2=u.Acp_SigX2();
BIx=Acp_BI();          BIy=u.Acp_BI();
posx=Priorite()%(Tdata*8);          posy=u.Priorite()%(Tdata*8);
Ssx=Acp_SsX();          Ssy=u.Acp_SsX();
BC=Acp_BC();
Dx=data; Dy=u.data;
initControl(posy);u.initControl(posx);
// set_Age(1);
u.set_Age(0);
} else {

x1=u.Acp_X1();          y1=u.Acp_Y1();
x2=u.Acp_X2();          y2=u.Acp_Y2();
Sigx2=u.Acp_SigX2();          Sigy2=Acp_SigX2();
BIx=u.Acp_BI();          BIy=Acp_BI();
posx=u.Priorite()%(Tdata*8);          posy=Priorite()%(Tdata*8);
Ssx=u.Acp_SsX();          Ssy=Acp_SsX();
BC=u.Acp_BC();
Dx=u.data; Dy=data;
initControl(posx);u.initControl(posy);
set_Age(0);
//u.set_Age(1);
}
// bloc de calibrage
if (BC==0) {
   tmp=x1+x2+y1+y2;
   if(x1>x2) x1=x2;
   if(y1>y2) y1=y2;
   x2= tmp/2 - x1;
   y2= tmp/2 - y1;
}
   tmp=x1+x2+y1+y2;
// fin calibrage
```

```cpp
 int val,pasx,pasy;
 for(i=0;i<Tdata*8;i++) {
        // OU il faut lire !!
        T=i%tmp;
        if( (T<x1) || ( (T>=x1+y1)&&(T<tmp-y2) ) ){
            // lire dans le bloc data de X
            // sens du bit d'étalement au processusII
            val=lirebit(Dx[posx/8],posx%8);
            if( (T>=x1)&&(Sigx2==0) ) (val==0)?val=1:val=0;   //   changé Sigx2==0
            changebit (&dat1[i/8],i%8,val);
(BIx==0)?(pasx=1):((T!=0)&&(T!=x1+y1))?(pasx=1):(T==0)?(pasx=y2):(pasx=y2);
(Ssx==0)?(posx=(posx+ pasx)%(Tdata*8)):(posx=(posx+Tdata*8-pasx)%(Tdata*8));
        }
        else{
            // lire dans le bloc data de Y
            // pas de sens du bit d'étalement au processusII !!
            val=lirebit(Dy[posy/8],posy%8);
            if( (T>=tmp-y2)&&(Sigy2==0) ) (val==0)?val=1:val=0;// changé Sigy2==0
            changebit (&dat1[i/8],i%8,val );

(BIy==0)?(pasy=1):((T!=x1)&&(T!=x1+y1+x2))?(pasy=1):(T==x1)?(pasy=x1):(pasy=x2);
(Ssy==0)?(posy=(posy+pasy)%(Tdata*8)):(posy=(posy+Tdata*8-pasy)%(Tdata*8));
        }
 }
/////////////////////////////////////////////////////////////
tmpCHAR=Dy;
Dy=dat1;
}

void individu::Acc1(individu & u) {
int x1,y1,x2,y2,Sigx2,Sigy2,posx,posy,Ssx,Ssy;
int i,T,tmp;
unsigned char *dat1,* dat2;
dat1=new unsigned char[Tdata*2];
dat2= new unsigned char[Tdata*2];
x1=Acp_X1();          y1=Acp_Y1();
x2=Acp_X2();          y2=Acp_Y2();
Sigx2=Acp_SigX2();        Sigy2=u.Acp_SigX2();
posx=Priorite()%(Tdata*8);        posy=u.Priorite()%(Tdata*8);
Ssx=Acp_SsX();        Ssy=u.Acp_SsX();
// bloc de calibrage
  tmp=x1+x2+y1+y2;
  if(x1>x2) x1=x2;
  if(y1>y2) y1=y2;
  x2= tmp/2 - x1;
  y2= tmp/2 - y1;
  tmp=x1+x2+y1+y2;

// fin calibrage

 int val;
 for(i=0;i<Tdata*16;i++) {
        // OU il faut lire !!
        T=i%tmp;
        if( (T<x1) || ( (T>=x1+y1)&&(T<tmp-y2) ) ){
            // lire dans le bloc data de X
            // pas de sens du bit d'étalement au processusII !!
            val=lirebit(data[posx/8],posx%8);
            if( (T>=x1)&&(Sigx2==1) ) (val==0)?val=1:val=0;
            changebit (&dat1[i/8],i%8,val);
            (Ssx==0)?(posx=(posx+1)%(Tdata*8)):(posx=(posx+Tdata*8-1)%(Tdata*8));
        }
```

```cpp
    else{
        // lire dans le bloc data de Y
        // pas de sens du bit d'étalement au processusII !!
        val=lirebit(u.data[posy/8],posy%8);
        if( (T>=tmp-y2)&&(Sigy2==1) )  (val==0)?val=1:val=0;
        changebit (&dat1[i/8],i%8,val );
        (Ssy==0)?(posy=(posy+1)%(Tdata*8)):(posy=(posy+Tdata*8-1)%(Tdata*8));
        }
    }
x1=u.Acp_X1();          y1=u.Acp_Y1();
x2=u.Acp_X2();          y2=u.Acp_Y2();
Sigx2=u.Acp_SigX2();        Sigy2=Acp_SigX2();
posx=u.Priorite()%(Tdata*8);        posy=Priorite()%(Tdata*8);
Ssx=u.Acp_SsX();        Ssy=Acp_SsX();
// bloc de calibrage
    tmp=x1+x2+y1+y2;
    if(x1>x2) x1=x2;
    if(y1>y2) y1=y2;
    x2= tmp/2 - x1;
    y2= tmp/2 - y1;
    tmp=x1+x2+y1+y2;

// fin calibrage

  for(i=0;i<Tdata*16;i++) {
        // OU il faut lire !!
        T=i%tmp;
        if( (T<x1) || ( (T>=x1+y1)&&(T<tmp-y2) ) ){

        val=lirebit(u.data[posx/8],posx%8);
        if( (T>=x1)&&(Sigx2==1) )  (val==0)?val=1:val=0;
        changebit (&dat2[i/8],i%8,val);
        (Ssx==0)?(posx=(posx+1)%(Tdata*8)):(posx=(posx+Tdata*8-1)%(Tdata*8));
        }
        else{

        val=lirebit(data[posy/8],posy%8);
        if( (T>=tmp-y2)&&(Sigy2==1) )  (val==0)?val=1:val=0;
        changebit (&dat2[i/8],i%8,val );
        (Ssy==0)?(posy=(posy+1)%(Tdata*8)):(posy=(posy+Tdata*8-1)%(Tdata*8));
        }
    }
///////////////////////////////////////////////////////////

delete(data);data=dat1;
delete(u.data);u.data=dat2;
initControl(posx);u.initControl(posy);
Tdata*=2;
u.Tdata*=2;
// il faut multiplier Tdata des deux individu *2
}
char  individu::lirechar(motPasse &MP,int posi,int Ss) {
    return (MP.val(posi,Ss));
}
int  individu::lirebit(unsigned char D,int pos)  {
    return(D&int(pow(2,7-pos)));
}
void  individu::changebi(unsigned char  *D,int pos) {
        if(lirebit((*D),pos)==0)
                (*D)|=int(pow(2,7-pos));
        else   (*D)&=~int(pow(2,7-pos));
}
```

```cpp
void individu::changebit(unsigned char *D,int pos,int val ){
        (*D)&=~int(pow(2,7-pos));
        if(val!=0)  (*D)|=int(pow(2,7-pos));
}

void individu::initControl(int pos0=0) {
  for(int i=0;i<4;i++)
            controle[i]=data[(pos0+i)%Tdata];

}

void  individu::regenData(motPasse &MP,observateur &ob)  {
unsigned int  i;
char  CH;
int  intmp;

int Ss=ob.SsMP();
int Mplg=MP.getlg()*8;
unsigned int  posi=ob.getObsPosiInit();// position du poiteur sur le motdepasse
data = new unsigned   char[Tdata];
for(i=0;i<Tdata;i++)   data[i]=char(0);
  for(i=0;i<Tdata*8;i++){

    CH=lirechar(MP,(posi)/8,Ss);
    (Ss==0)?intmp=lirebit(CH,posi%8):intmp=lirebit(CH,7-posi%8);
  if(ob.getSig()!=0)  if (intmp==0) intmp =1; else intmp=0;
                changebit(&(data[i/8]),i%8,intmp);
        ob.Pas();
        posi+=ob.getPosi();
        }
}
void individu::init(int i,population *pp,motPasse & mp,observateur & ob,int Td) {
        id=i;
        ad_pop=pp;
            Tdata=Td;
        regenData(mp, ob);
        initControl(0);
}
void population::procII(int Nfois) {
    int i,j;

    for(i=0;i<Nfois;i++){

                    ordre();// foction d'ordre
            for(j=0;j+1<Nidv;j+=2)
                (TR[j].P)->AccI(*(TR[j+1].P));


    }
}
void population::procIII(int Nbr) {
  int  i,z;
  tmpCHAR=new unsigned char[128];
    for(z=0;z<Nbr;z++) {
        ordre();
        for(i=0;i+1<Nidv;i+=100)     (TR[i].P)->AccII(*(TR[i+1].P));
        ordre();
        for(i=0;i<Nidv;i++)        (TR[i].P)->Contr();
    }
}
void population::ordre() {
    int i,ind1,ind2;
```

```cpp
    for(i=0;i+1<Nidv;i+=2) {
            ind1=(TR[i].P)->Priorite();
            ind2=(TR[i+1].P)->Priorite();
            (TR[i].P)->initControl(ind2);
                        (TR[i+1].P)->initControl(ind1);
            if( ind2 > ind1)
                change_posi(i,ind2%(20),ind2%2);
            else
                change_posi(i+1,ind1%(20),ind1%2);

    }
}
void population::change_posi(int posi,int pas,int Ss){
    individu  * ptr_ind;
    int posi_tmp=posi;
    int posf;
        ptr_ind=(TR[posi].P);
        if(Ss !=0 ) {
            posf=(posi+pas)%Nidv;
                while(posf!=posi_tmp){
                TR[posi_tmp].P=TR[(posi_tmp+1)%Nidv].P;
                posi_tmp+=1; posi_tmp%=Nidv;
                }
        }
        else  {
                posf=(posi-pas + Nidv)%Nidv;
                while(posf!=posi_tmp){
                    TR[posi_tmp].P=TR[(posi_tmp-1+Nidv)%Nidv].P;
                    posi_tmp+=Nidv-1; posi_tmp%=Nidv;
                }
        }
    TR[posf].P=ptr_ind;
}
void population::create(motPasse  &MP,int lgData)   {
int  i=0;
int X,Y,Z,T;
observateur ob;
int lg=MP.getlg()*8;
int position=0;
    TR=(table_Round *)new  table_Round[Nidv];;
    Lia=new  individu[Nidv];
for(i=0;i<Nidv;i++) TR[i].P= &Lia[i];
 i=0;
        for(X=x.min;X<=x.max;X++)
            for(Y=y.min;Y<=y.max;Y++)
                for(Z=z.min;Z<=z.max;Z++)
                    for(T=t.min;T<=t.max;T++) {
        // initialise l'observateur
                            ob.ObInit(X,Y,Z,T,0,position);
                            (TR[i].P)->init(i,this,MP,ob,lgData);
                            i++;
                            ob.ObInit(X,Y,Z,T,1,position);
                            (TR[i].P)->init(i,this,MP,ob,lgData);
                            i++;
                position+= (lg*17)%(X*Y+Z*T) + Nidv/lg;
                position%= lg;
                        }
}
int main(){
 char mp1[200];
 int i;
 float nbr;
```

```
        printf("Passe Word :");
        gets(mp1);
        system("cls");
        printf("Nombre de Mega octets : ");
        scanf("%f",&nbr);
        motPasse cha1(mp1);
        MASK =fopen("Masque.txt","wt");
        population      PoP(cha1,2,7,1,6,2,7,1,5,16);
        PoP.procII(3);

for(i=0;i<nbr;i++)                PoP.procIII(1);

        fclose(MASK);
        }
```

BIBLIOGRAPHIE

[Abramowitz, 1967] Milton Abramowitz and Irene Stegun, Handbook of Mathematical Functions: NBS Applied Mathematics Series 55. Washington, D.C.: U.S. Government Printing Office, 1967.

[Aldous, 1988] D. Aldous and P. Shields (1988). A Diffusion Limit for a Class of Randomly-Growing Binary Trees, Probability Theory and Related Fields. 79, pp. 509-542.

[Attneave, 1950] Attneave, F. (1950). Dimensions of similarity. American Journal of Psychology 63: 516–556.

[Back, 1993] Back, T., and H.P. Schewel, (1993) "An Overview of Evolutionary Algorithms for Parameter Optimization", Evolutionary Computation, 1(1), 1-23.

[Baker, 1996] G.L. Baker, J.P. Gollub, Chaotic Dynamics, an Introduction, 2nd Edition (Cambridge Univ. Press,Cambridge, 1996).

[Baluja, 1994] Shumeet Baluja. Population-based incremental learning : A method for integrating genetic search based function optimization and competitive learning. Technical Report CMU-CS-94-163, Computer Science Department, Carnegie Mellon University, Pittsburgh, PA, 1994.

[Barbour, 1992] A. D. Barbour, L. Holst, and S. Janson, Poisson Approximation (1992). Oxford: Clarendon Press (especially Section 8.4 and Section 10.4).

[Beckett, 1990] Beckett B., Introduction aux méthodes de la cryptologie. Edition Masson 1990.

[Caux, 1995] C. Caux, H. Pierreval, M.C. Portman, "Les Algorithmes Génétiques et Leur Application d'Ordonnancement", Automatique, Productique Informatique Industrielle, Vol 29n°45/1995, pp. 409443.

[Chelouah, 2000] R.Chelouah, P.Siarry. "A continuous Genetic Algorithm Designed for the Global Optimization of Multimodal Functions" Journal of Heuristics (2000)

[Chrysaphinou ,1988] O. Chrysaphinou and S. Papastavridis, Limit Theorem on the Number of Overlapping Appearances of a Pattern in a Sequence of Independent Trials. Probability Theory and Related Fields, Vol. 79 (1988), pp. 129-143.

[Chung, 1979] Kai Lai Chung, Elementary Probability Theory with Stochastic Processes. New York: Springer-Verlag, 1979 (especially pp. 210-217).

[Chung, 1993] Meng Quing Chung, Application des Algorithmes Génétiques à la Résolution de Problèmes et à la Commande de Systèmes, Thèse Université de Paris XII, octobre 1993.

[Coron, 1998] J-S Coron and D. Naccache, An Accurate Evaluation of Maurer's Universal Test, Proceedings of SAC '98 (Lecture Notes in Computer Science). Berlin: Springer-Verlag, 1998.

[Crainic, 1998] Teodor Gabriel Crainic et Michel Toulouse. Parallel Strategies for Metaheuristics, chapter Parallel Metaheuristics, pages 205–251. Kluwer Academic, 1998.

[Crainic, 2003] Teodor Gabriel Crainic et Michel Toulouse. State-of-the-Art Handbook in Metaheuristics, chapter Parallel Strategies for Metaheuristics. Springer, 2003.

[David, 1963] F. N. David and D. E. Barton, Combinatorial Chance. New York: Hafner Publishing Co., 1962, p. 230.

[Davis, 1991] Lawrence Davis, editor. Handbook of Genetic Algorithms. Van Nostrand Reinhold, New York, New York, 1991.

[Darwin, 1859] C. Darwin. The Origin of Species by Means of Natural Selection. Mentor Reprint, 1958, NY, 1859.

[Deb, 2001] Kalyanmoy Deb et Deb Kalyanmoy. Multi-Objective Optimization Using Evolutionary Algorithms. John Wiley & Sons, Inc., 2001.

[Diamond, 1994] Diamond, Arnold H. (1994), "Chaos Science", Marketing Research, 5, 4, pp. 9 - 14.

[Diffie, 1976] W Diffie, M Hellman - Information Theory, IEEE Transactions on, 1976

[Djerid, 1995] Djerid L. Portmann M.C. and Villon P., Performance Analysis of Previous and New Proposed Cross-Over Genetic Operators Designed for Permutation Scheduling Problems. International Conference on Industrian Engineering and Production Management, Marrakech, April 4-7, 1995.

[Dubertret, 1998] Dubertret G. Initiation à la cryptographie. Edition Vuibert, 1998.

[Eckmann, 1985] J.P. Eckmann, D. Ruelle, Ergodic theory of chaos and strange attractors, Reviews of Modern Physics, Vol.57, N°3, Part I, 1985, pp. 622,623.

[Ekeland, 1991] Ekeland, Ivar (1991), Au Hasard, Seuil, Paris.

[ElGamal, 1985] T. ElGamal, A public key cryptosystem and a signature scheme based on discrete logarithms, IEEE Trans inf Theo, 31:469-472, 1985

[FEIGENBAUM, 1978] M.J. FEIGENBAUM, Quantitative universality for a class of nonlinear transformations, J. Stat. Phys. Vol.19, 1978, pp.25-52.

[Fogel, 1966] L.J. Fogel, A.J. Owens, et M.J. Walsh. Artificial Intelligence Through Simulated Evolution. Wiley, J., Chichester, UK, 1966.

[Garey, 1979] M. R. Garey, D. S. Johnson, Computers and Intractability: A guide to the theory of NP-completeness, W.H. Freeman & Company, 1979

[GLEICK, 1989] J. GLEICK, La théorie du chaos – vers une nouvelle science, Albin Michel, Paris, 1989, ISBN : 2-08-081219-X.

[GLENDINNING, 1994] P. GLENDINNING, Stability, instability and chaos, Cambridge University Press, 1994.

[Godbole, 1994] Anant P. Godbole and Stavros G. Papastavridis (ed), Runs and Patterns in Probability: Selected Papers. Dordrecht: Kluwer Academic, 1994.

[Goldberg, 1985] D. Goldberg and R. Lingle. Alleles, loci, and the travelling salesman problem. In 1st International Conference on Genetic Algorithms and their Applications, 1985.

[Goldberg, 1989a] David Goldberg. Genetic Algorithms. Addison Wesley, 1989. ISBN: 0-201-15767-5.

[Goldberg, 1989b] D.E Goldberg. Genetic algorithms and walsh functions. part 1 and 2. Complex Systems, 3:129--171, 1989.

[Goldberg, 1989c] D.E Goldberg. Genetic Algorithms in Search, Optimization and Machine Learning. Reading MA Addison Wesley, 1989.

[Goldberg, 1991] D.E Goldberg. Real-coded genetic algorithms, virtual alphabets and blocking. Complex Systems, 5:139--167, 1991.

[Golomb, 1982] S.W. Golomb. Shift register sequences. Aegean Park Press, 1982.

[Gordon, 1992] Gordon, Theodore (1992), "Chaos in Social Systems", Technological Forecasting and Social Change, 42, pp. 1 - 15.

[Guckenheimer, 1983] J. Guckenheimer, Ph. Holmes, Nonlinear Oscillations, Dynamical Systems, and Bifurcation of VectorFields (Springer-Verlag, New York, 1983).

[Gustafson, 1994] H. Gustafson, E. Dawson, L. Nielsen, W. Caelli, A computer package for measuring the strength of encryption algorithms, Computers & Security. 13 (1994), pp. 687-697.

[Hamming, 1950]Richard Hamming error-detecting and error-correcting codes Bell System Technical Journal 29(2):147-160, 1950

[Hilborn, 1994] R.C. Hilborn, "Chaos ans Nonlinear Dynamics", 1994, Oxford University Press Acton, F.S., 1990, _Numerical methods that work_, Corrected edition, Washington, Mathematical Association of America.

[Holland, 1975] John H. Holland. Adaptation in natural artificial systems. University of Michigan Press, Ann Arbor, 1975.

[Johnson, 1996] N.J. Johnson, S. Kotz, and A. Kemp, Discrete Distributions. John Wiley, 2nd ed. New York, 1996 (especially pp. 378-379).

[Kerckhoffs, 1883] Auguste Kerckhoffs, « La cryptographie militaire », Journal des sciences militaires, vol. IX, pp. 5–38, Janvier 1883

[Kirschenhofer, 1994] P. Kirschenhofer, H. Prodinger, and W. Szpankowski (1994), Digital Search Trees Again Revisited: The Internal Path Length Perspective, SIAM Journal on Computing. 23, pp. 598-616.

[Knuth, 1998] Donald E. Knuth, The Art of Computer Programming. Vol 2: Seminumerical Algorithms. 3rd ed. Reading, Mass: Addison-Wesley, 1998 (especially pp. 42-47).

[Kovalenko, 1972] I. N. Kovalenko (1972), Distribution of the linear rank of a random matrix, Theory of Probability and its Applications. 17, pp. 342-346.

[Koza, 1992a] John R. Koza. Genetic Programming : On the Programming of Computers by Means of Natural Selection. MIT Press, Cambridge, MA, USA, 1992.

[Koza, 1992b] John R. Koza. Hierarchical automatic function definition in genetic programming. In L. Darrell Whitley, editor, Foundations of Genetic Algorithms 2, pages 297–318, Vail, Colorado, USA, 24–29 July 1992. Morgan Kaufmann.

[Kruskal, 1964] Kruskal, J.B. (1964). Multidimensional scaling by optimizing goodness of fit to a nonmetric hypothesis. Psychometrika, 29, 1-27, 115-129.

[Kruskal, 1977] J. B. Kruskal, M. Wish. Multidimensional Scaling. Sage Publications. Beverly Hills. CA (1977).

[Langton, 1990] Christopher G. Langton. "Computation at the edge of chaos". Physica D, 42, 1990.

[LORENZ, 1963] E. LORENZ, Deterministic Nonperiodic Flow, J. Atmos. Sci. Vol.20 pp.130-141.

[Maclaren, 1993] Nick Maclaren, Cryptographic Pseudo-random Numbers in Simulation, Cambridge Security Workshop on Fast Software Encryption. Dec. 1993. Cambridge, U.K.: R. Anderson, pp. 185-190.

[Manneville, 2003] P., Nonlinear physics and complexity, chapitre 17 de AIP Physics Desk Reference, E.R.Cohen et al. _eds. (Springer/AIP Press, 2003).

[Mardia, 1979] K. V. Mardia, J. T. Kent, J. M. Bibby, Multivariate Analysis. Academic Press (1979).

[Marsaglia, 1985] G. Marsaglia and L. H. Tsay (1985), Matrices and the structure of random number sequences, Linear Algebra and its Applications. Vol. 67, pp. 147-156.

[Maurer, 1992] U. M. Maurer (1992), A Universal Statistical Test for Random Bit Generators, Journal of Cryptology. 5, pp. 89-105.

[Menezes, 1996] Alfred J. Menezes, Paul C. van Oorschot et Scott A. Vanstone, Handbook of Applied Cryptography, CRC Press, 1996, ISBN: 0-8493-8523-7

[Michalewicz, 1992] Zbigniew Michalewicz. Genetic algorithms + Data Structures = Evolution Programs. Springer-verlag, 1992.

[Michalewicz, 1994] Zbigniew Michalewicz. Evolutionary Computation techniques for non linear Programming. International Transactions on Operational Research, 1(2), 1994, pp 223-240.

[Michalewicz, 1996] Zbigniew Michalewicz. Genetic algorithms + data structures = evolution programs (3rd ed.). Springer-Verlag, 1996.

[MIRA, 1969] C. MIRA, Cours de systèmes asservis non linéaires, Dunod, Paris, 1969, p.12.

[Moore, 1965] Gordon E. Moore,Cramming more components onto integrated circuits, Electronics, Volume 38, Number 8, April 19, 1965

[Mühlenbein, 1993] Mühlenbein H., Evolutionary Algorithms: Theory and applications. (Wiley) 1993.

[Ott, 1993] E. Ott, Chaos in Dynamical Systems (Cambridge Univ. Press, Cambridge, 1993).

[Pitman, 1993] Jim Pitman, Probability. New York: Springer-Verlag, 1993 (especially pp. 93-108).

[POINCARE, 1890] H. POINCARE, Sur le problème de trois corps et les équations de la dynamique, Acta Math., Vol.13, 1890, pp.1-270.

[POINCARE, 1908] H. POINCARE, Science et méthode, Flammarion, Paris, 1908, pp. 68, 69, 91.

[PRIGOGINE, 1994] I. PRIGOGINE, Les lois du chaos, Flammarion, Paris, 1994.

[Prigogine, 1988] Prigogine, Ilya et Isabelle Stengers (1988), Entre le temps et l'éternité, Fayard, Paris.

[Revesz, 1990] Pal Revesz, Random Walk in Random and Non-Random Environments. Singapore: World Scientific, 1990.

[Rivest, 1977] R. Rivest, A. Shamir, L. Adleman. A Method for Obtaining Digital Signatures and Public-Key Cryptosystems. Communications of the ACM, Vol. 21 (2), pp.120–126. 1978. Previously released as an MIT "Technical Memo" in April 1977. Initial publication of the RSA scheme.

[Ruelle, 1971] Ruelle, David et F. Takens (1971), "On the nature of turbulence", Comm. Math.Phys., n°20, pp. 167 - 192.

[Rueppel, 1986] R.A. Rueppel. Analysis and Design of stream ciphers. Springer-Verlag, 1986.

[Sabour, 2006a] A. Sabour, A. Asimi and A. Lbekkouri, Etude théorique de l'observateur : Fonctions dissipatives du R.A NMJ, Les journées d'Optique et du traitement de l'information « OPTIQUE'06 », Rabat 2006.

[Sabour, 2006b] A. Sabour, A. Asimi and A. Lbekkouri, Genetic Regenerator of pseudo-random sequences R.A NMJ, International Symposium on AI 50 Years' Achievements, Future Directions and Social Impacts (ISAI'06), Aug. 1-3, 2006, Beijing, P.R.China.

[Sabour, 2006c] A. Sabour, A. Asimi and A. Lbekkouri, Etude du Comportement Chaotique du R.A NMJ via la Sensibilité aux conditions Initiales. 3rd International Symposium on Image/Video Communications over fixed and mobile networks, Tunisia 2006

[Sabour, 2006d] A. Sabour, A. Asimi and A. Lbekkouri, Régénérateur génétique des suites binaires cryptographiquement sûres R.A NMJ, Colloque International Sur l'Informatique et ses Applications IA'2006 Oujda, 31 Octobre, 1 et 2 Novembre 2006

[Sabour, 2006e]. A. Sabour, A. Asimi , A. Lbekkouri and H. Bouyakhf, Etude de la Complexité des Classes de Fonctions à Trois Etats, The Maghrebian Conference on Sofware Engineering and Artificial Intelligence (MCSEAI'06), Agadir Morocco, December 07 to 09, 2006

[Sabour, 2007a] A. Sabour, A. Asimi and A. Lbekkouri, Genetic Regenerator of pseudo-random sequences R.A NMJ, IJCSNS International Journal of Computer Science and Network Security, VOL.7 No.1, January 2007

[Sabour, 2007b] A. Sabour, A. Asimi and A. Lbekkouri, Study of the Chaotic Behaviour of R.A NMJ Via Sensitivity Under Initial Conditions, 3rd International Symposium on Computational Intelligence and Intelligent Informatics ISCIII2007 Agadir Morocco, March 28 to 30, 2007

[Sabour, 2007c] A. Sabour, A. Asimi and A. Lbekkouri, THE THREE STATES FUNCTIONS : THEORETICAL FOUNDATIONS AND ESTIMATED COMPLEXITY, The 3rd International Conference on Information Technology ICIT 2007, May 9-11, 2007 AL-Zaytoonah University, Amman, Jordan

[Schneier, 1996] Bruce Schneier. Applied Cryptography, Second Edition, John Wiley & Sons 1996, ISBN: 2-84180-000-8

[Schwefel, 1995] Hans-Paul Schwefel et Gunter Rudolph. Contemporary evolution strategies. In European Conference on Artificial Life, pages 893–907, 1995.

[Shannon, 1948] Claude E. Shannon. A mathematical theory of communication , Bell Syst. Tech. J., 27, 1948.

[Spears, 1991] William M. Spears et Kenneth A. De Jong. An analysis of multi-point crossover. In G. J. E. Rawlins, editor, Foundations of Genetic Algorithms, pages 301–315, San Mateo, CA, 1991. Morgan Kaufmann.

[Stewart, 1992] Stewart, Ian (1992), Dieu joue-t-il aux dés?, Flammarion, Paris.

[Stinson 2003] Douglas Stinson, D. Cryptographie Théorie et pratique. Traduction de Serge Vaudenay, Gildas Avoine et Pascal Junod. (2ième édition). Paris Vuibert Informatique, 2003.

[Syswerda, 1989] Gilbert Syswerda. Uniform crossover in genetic algorithms. In Proceedings of the third international conference on Genetic algorithms, pages 2–9. Morgan Kaufmann Publishers Inc., 1989.

[Tarnowski, 1993] Tarnowski, Daniel (1993), "Le chaos, monstre sensible et docile", Science & Vie,914, pp. 38 - 45.

[Thiétart, 1995] Thiétart, Raymond Alain et Bernard Forgues (1995), "Chaos Theory and Organization", Organization Science, January - February, Vol 6, N°1, pp. 19 - 31.

[Todd, 1997] David S. Todd et P. Sen. A multiple criteria genetic algorithm for containership loading. In Thomas Bäck, editor, Proceedings of the 7th International Conference on Genetic Algorithms, pages 674–681, San Francisco, July 19–23 1997. Morgan Kaufmann.

[Venturini, 1997] Gilles Venturini. Apport des algorithmes génétiques à l'apprentissage et à l'optimisation. Habilitation à diriger les recherches, Université de Tours, 12 1997.

[Vernam, 1926] G.S. Vernam. Cipher printing telegraph systems for secret wire and radio telegraph communications. Journal of the American Institute for Electrical Engineers, (55), 1926.

[Whitley, 1989] Darrell Whitley et Thomas Hanson. Optimizing neural networks using faster, more accurate genetic search. In Proceedings of the third international conference on Genetic algorithms, pages 391–396. Morgan Kaufmann Publishers Inc., 1989.

[Whitley, 1989] Darrell Whitley. The genitor algorithm and selection pressure : why rank-based allocation of reproductive trials is best. In Proceedings of the third international conference on Genetic algorithms, pages 116–121. Morgan Kaufmann Publishers Inc., 1989.

[Zitzler, 2001] E. Zitzler. Evolutionary algorithms for multiobjective optimization. In K. C. Giannakoglou, D. T. Tsahalis, J. Périaux, K. D. Papailiou, et T. Fogarty, editors, Evolutionary Methods for Design Optimization and Control with Applications to Industrial Problems, [Ziv, 1977] J. and A. Lempel (1977), A Universal Algorithm for Sequential DataCompression, IEEE Transactions on Information Theory. 23, pp. 337-343.

[Ziv, 1990] J. Ziv, Compression, tests for randomness and estimating the statistical model of an individual sequence, Sequences (ed. R.M. Capocelli). Berlin: Springer-Verlag, 1990.pages 19–26, Athens, Greece, 2001. International Center for Numerical Methods in Engineering (Cmine).

Une maison d'édition scientifique

vous propose

la publication gratuite

de vos articles, de vos travaux de fin d'études, de vos mémoires de master, de vos thèses ainsi que de vos monographies scientifiques.

Vous êtes l'auteur d'une thèse exigeante sur le plan du contenu comme de la forme et vous êtes intéressé par l'édition rémunérée de vos travaux? Alors envoyez-nous un email avec quelques informations sur vous et vos recherches à: info@editions-ue.com.

Notre service d'édition vous contactera dans les plus brefs délais.

Éditions universitaires européennes
est une marque déposée de
Südwestdeutscher Verlag für
Hochschulschriften GmbH & Co. KG
Dudweiler Landstraße 99
66123 Sarrebruck
Allemagne

Téléphone : +49 (0) 681 37 20 271-1
Fax : +49 (0) 681 37 20 271-0
Email : info[at]editions-ue.com
www.editions-ue.com

www.ingramcontent.com/pod-product-compliance
Lightning Source LLC
LaVergne TN
LVHW042339060326
832902LV00006B/265